LOCUS

LOCUS

LOCUS

LOCUS

touch

對於變化，我們需要的不是觀察。而是接觸。

a touch book

Locus Publishing Company
11F, Sec. 4 Nan-King East Road, Taipei, Taiwan
ISBN 978-986-213-456-6

September 2013, First Edition
Printed in Taiwan

接班人
作者：李志華
特約編輯：李育琴
校對：魏秋綢
美術編輯：何萍萍
法律顧問：全理法律事務所董安丹律師
出版者：大塊文化出版股份有限公司
台北市105南京東路四段25號11樓
www.locuspublishing.com
讀者服務專線：0800-006689
TEL：(02) 87123898　FAX：(02) 87123897
郵撥帳號：18955675　戶名：大塊文化出版股份有限公司

總經銷：大和書報圖書股份有限公司　地址：新北市新莊區五工五路2號
TEL：(02) 89902588 (代表號)　FAX：(02) 22901658
製版：瑞豐實業股份有限公司
初版一刷：2013年9月

定價：新台幣300元

touch

接班人

台灣中小企業
存亡關鍵

Is
Your
Successor
Secured?

Jeff Li
李志華
著

目錄

代序：企業家的學習之道

文／高維新

老友志華在我輩中是位奇才，心懷高志，又總能見人機先。這回他發大心願想爲我們台灣的中小企業貢獻一生的經驗，並邀我共襄盛舉，對於這位一輩子老友的雄心壯志，我心嚮往之，也希望借機爲台灣盡綿薄之力。

在台灣經濟起飛的年代，我幸運的從政治大學企業管理研究所畢業。這個滿腦子管理理論的企管碩士（ＭＢＡ），加入ＩＢＭ公司，從業務代表做起，認眞地在這個偉大公司給予的每一個工作崗位上接受挑戰、完成任務，一步步在組織裡學習負擔更大的責任。十五年後，這位自認爲經驗豐富的管理者，躊躇滿志的全家移居上海，毅然投入「企業家」行列，開始新的人生歷程。進入完全陌生的環境後，十五年來經歷諸多的經營失敗，甚至倒閉後，終於稍稍成熟，不再心高氣傲。在這個近似白手起家的過程中，我才眞正明白企業家的學習之道，也才理解「專業經理」和「企業家」的本質差異，專業經理關心職位、年薪、待遇；企業家關心競爭力、投資回報、永續經營。專業經理談的是工作意義，企業家談的是企業的社會責任。我深信企業家的影響並不亞於政治家，台灣的再一次起飛需要政治家，更需要有雄心壯志的企業家。

過去十多年，我全心埋首於美國管理協會（American Management Association, AMA）大中華區的事業，AMA是全球最大的管理培訓機構，是這個行業的IBM，我從完全不懂培訓，細細考慮如何在如此低競爭門檻的行業裡打出一條生路，闖出一番天地。很幸運的，AMA從生存邊緣成長到成爲行業翹楚。這個過程中，除了兢兢業業地培育客戶的管理人才外，自己也不斷深思審視「企業家究竟是如何培養成的？」很多深具成就的企業家並無深厚的管理知識，許多MBA卻無法經營企業，似乎管理理論的學習並非成功的關鍵要素，實踐中總結的眞知灼見，往往更能有效指導經營。也許，如何有效學習的秘密才是根本之道。

教育和培訓是個古老而穩定的行業，我有時在想，其中緣由可能是人們知道學習的重要性，但眞正的學習又是十分艱難的。試想，我們從小到大究竟有哪些眞正的學習？我們從不會騎腳踏車到可以自如地四處駕遊，從不知如何討小女友歡心到能承接伴侶的情緒而讓感情歷久彌新，從見了難纏的客戶不知所措到能將客戶的異議轉換爲生意的機會，從認爲有雄心有理想就能建立事業到會面對內外交困的環境而鞏固超越對手的競爭優勢。而這些我們賴以生活的「能力」（Competence）究竟是經歷怎樣的過程才「學習到」的呢？如果我們的企業家對這個有效學習的過程能充分認識，我們就有機會培養出更多的卓越企業家。

成年人的學習是較爲艱難的，因爲我們在成長的過程累積了幫助生存的經驗和技能，問題是這些生存工具既能幫助我們讓自己的價值得到社會的認可，但也形成我們「再學習」的障礙。我們年輕時總是說那些「老人家」頑固，思想跟不上時代，其根本原因是年長者堅信他們過去學習到的必然是正確的，他們再也難以打破舊有觀念而「更新換代」。

因此，學習必然存在一個「先破後立」的過程，即使今天我們自己也成了老人家，卻可以勇於先破後立而不斷學習。這個過程涵蓋了個人改變（Personal Change）的四個重大「跨越」，越是善於跨越的企業家就學習得越快而準：

一、自知差距（Awareness Gap）的跨越

當我們面對一個情況，心裡的聲音說「這我本來就會處理」，而恰恰經營高手一眼

就瞧出「你根本就不會處理」時，我們就有自知差距了。成年人非常有自我意志，當我們根本不認爲我們目前的思想和行爲有任何不足時，我們當然按照原來的想法去做，這時學習是不會發生的。直到遇到了挫折，我們發覺原來的方式、方法並無法達到預定的期望，這時成年人才開始認眞地考慮「也許我並不會處理這事」，在這當下我們原有的固化經驗開始動搖，自知差距開始跨越。

當然，也有人即使碰壁了，也固執己見，直到倒閉。卓越的企業家通常是善於傾聽、善於自省的，他們總是擔心目前的小成隱藏了大敗的病源，他們謙沖爲懷的修養讓他們總是不斷反思，不斷檢查所做所爲，他們自知的跨越速度遠遠快於常人，他們善於從錯誤失敗中得到突破，或樂於接受回饋。因此他們所帶領的企業也就能歷久彌新。

二、意願差距（Motivation Gap）的跨越

成年人是難以被強迫改變的，而眞正的學習多半是要付出代價。正如我們當年摔破了幾回皮才學會騎腳踏車，我們也曾因害怕皮肉之痛而猶豫掙扎，不肯再跨上腳踏車。當時，我們知道自己不會騎腳踏車，我們沒有自知差距，然而爲什麼心理狀況讓我們有

行動的意願，繼續嘗試直到靠直覺都能騎腳踏車了呢？也許是那種自己能掌握前行的自由感超越了擔心皮肉之痛，也許是不能忍受別人都會騎而我不會騎的面子問題，但終究我們內心學習的意願跨越了差距，屢敗屢試，終至有成。

企業家意願差距的跨越也是非常相似的，許多時候我們知道企業裡的一些情況是不妥的，我們也明白改革帶來的潛在風險和痛苦，那時基於對事業成就的激情，或對事業失敗的害怕，我們跨過內心意願差距的這個關卡，推行了變革。甚至於，許多情況問題的根源其實是我們需要有強大的意願改變自己的管理思維和行爲，這時，越是有明確事業方向的企業家越能快速跨越；越是一眼就看清不改變的後果的企業家也會勇往直前。意願差距的跨越總是在一念之間的決斷。

三、知識差距（Knowledge Gap）的跨越

在知識的獲得極端容易的今天，我們普遍認爲自己很少有知識的不足。然而，總是「書到用時方恨少」，因爲多半我們知道的知識都是表面的知，淺淺的知，除非經過鑽研，很難有深刻的真知。比如我們很明白定價的重要性，也能泛泛地說出定價該考慮哪

些因素，但是真正面臨定價的決策時我們通常會發覺腦袋一片空白，心裡根本就缺乏指導原則，也不知道各種考慮因素的優先和取捨。這時也許請教一位有經驗的定價專家，好好地問問題，三兩句點撥就豁然開朗。也就是說，我們有許多泛泛的知識，但真正的跨越是在實踐中特別需要的，已經去蕪存菁把表面知識轉換爲簡單可行的眞知灼見的那些精華知識。我的經驗是善於思考的企業家總是善於問問題，他們打破砂鍋要弄明白，到底「事情如此發生的根本原因何在」，而善於問問題者總是比別人更快獲得眞知。

四、技巧差距（Skill Gap）的跨越

回想我們當年學游泳的過程，一開始看別人游泳也就是手腳配合向前划，自己依樣畫葫蘆，也好不容易找到一點感覺，雖然費勁但在水裡可以前進，也認爲自己會游泳了。直到有這麼一天，一位游泳選手看不下去了，抓著你的手腳，告訴你配合的節奏，帶著你擺動，這才知道原來自己根本就是半吊子，這才知道原來輕鬆地按照要求的動作划，掌握訣竅，游泳可以如此順暢，我們的技巧差距才跨越了。

「技巧」是一套可以依循操作的步驟和方法，是高手經過多年實踐的經驗總結。人

之常情，企業家們總相信自己的經驗而不認爲「其他高手」的步驟方法有可借鏡之處；所以也很有可能是游得費勁又不快。有智慧的企業家很早就明白寧可借重教練來「學游泳」，而不是花了非常長的時間自己琢磨但進步有限。當然，教練是無法替自己練習游泳，技巧正確加上努力練習、不斷改進，就能成就經營高手。

志華在本書中特別關注的企業家是前後兩代，以及幫助接班的許多經理人，這種經驗在任何企業都是少見的，也是巨大的變化過程。這個過程恐怕更需要相關人等時時考察自己是否在以上四種差距裡存在跨越的機會，企業的學習源自關鍵領導者的學習，競爭力源自學習力。

我輩是幸運的一代，我們得利於台灣的經濟起飛，兩個十五年匆匆過去，也期待下一個十五年和衆多有志之士一起貢獻台灣的再一次起飛。如此，當不枉此生。

Peter Kao
President and CEO, AMA CHINA
Enjoy learning, Enjoy life.

前言：我爲什麼又寫一本前無古人的書

文／李志華

這本書是不得不寫的，但卻寫得很高興，因爲這跟我第一本創投專書《微笑禿鷹》及法律專書《企業黑洞：法務》相同，又是一本前無古人的書，連我自己都有點自我感覺良好，因爲實用、特別，所以寫書的動機非常高。

但本書標榜「前無古人」似乎有些誇張，因爲市面上相同題目的書與報導並不少；但細看後就可發現這些書籍或者以資源豐富的大企業接班人爲對象，並不適合台灣中小企業使用，或是偏重問題分析，理想性的期待遠重於實際經驗分享，比較像腦力激盪後的產品，想法發散卻無可行步驟，所以由企業可照表操課的角度來看，這本書自稱前無古人也頗爲理直氣壯。

本書並非學術論著，而是創業者與接班人用來自我培訓的引導工具，因此以實用爲重。雖然無須太多理論基礎，也無須自圓其說，但總得是實務經驗所談，不能憑空杜撰，還需言之有物，說之成理，這樣讀者才能按圖索驥，日後也能自我發揮；否則不但無益於中小企業，反而會有所傷害。

我先對這本書「起、承、轉、合」的框架做些說明，比較有助於讀者自行照表操課。

「起」，談的是我爲什麼要寫這本書，並把書的主軸明確指出。目的是讓中小企業的創業老闆、接班人，以及利害關係團體（例如跟創業老闆一起打天下的長輩與高官、接班人寶眷，甚至競爭者以及圈外的專業經理人）對中小企業接班所面臨的挑戰與氛圍有更清楚的認識，並體會到如果接班不利，很快就會讓企業走向滅亡。

「承」，是承續上面的主軸，將我所蒐集到對台灣中小企業接班有參考價值的資訊與看法做些整理，希望可以讓關心的讀者知道跟接班有關的研究、報導與一般性看法。

「轉」，以個案討論爲主，這是本書的精髓所在，讀者可以透過六個不同行業、不同角色、不同接班環境的個案，充分討論各種可能的人事以及互動。

個案裡面的公司多半是我過去當顧問或投資時接觸到或聽到過的案例，再經過我重新整理，把相關人物與情節做放大、縮小、變形以及模糊焦點、加油添醋的馬賽克處理，目的是讓讀者可以利用這些個案充分討論與接班相關的變數，擴大思路，廣開視野。

個案寫出來後跟原來的公司已經大相逕庭，加上許多內容都搬來搬去，重新排列組合過，所以書的內容或角色跟任何公司或人物絕不會有雷同情節，萬一還有類似，那絕對是巧合，各位讀者千萬不要「對號入座」，省得動氣傷身。

當讀者討論完六個不同的個案，回來面對自己公司，仍舊千頭萬緒，對於如何開始安排（交）接班，還是不知如何釐清，從何開始？這也是很正常的。

在我當企業顧問期間，就經常碰到客戶（創業老闆）告訴我說：「傑夫呀，您說的都對，我也都聽懂，但太複雜了！我還是不知道如何著手，不知道如何安排接班人。該從何開始？這是知易行難呀！」

還有人跟我說：「以前不知道如何交（接）班雖然有點不安，但還睡得著覺，現在知道越多卻還是不知從何下手，連覺都睡不好了！」

為了解決這個「知易行難」，以及不知如何著手的問題，我特地增加了一個「合」的章節，希望讀者可以由「啓」心（awareness）、動念（motivation），進而即知（knowledge），即行（skills），一步步地展開行動之路，這就是「合」的內容主軸。

「合」的部分我再三舉例，並列出執行必備技能，總希望知無不言，言無不盡。

經過上述這些過程，有能力的人自然可以舉一反三，透過自我學習而解決接班人的困惑，順利安排（交）接班程序，無須外力協助。

但文字終究是靜止的，既不可能說得完整，也不可能依照各家狀況達到量身訂做的效果，所以本書寫得再用心，對某些（甚至大部分）讀者或許還是不足以自行。

事實上，很多中小企業創業老闆認為跟自己兒女當面討論接班問題有些尷尬，不好開口，這也是人之常情。

還有一個方法，那就是邀請我們或有經驗的人士跟（創業老闆）接班人一起研讀個案，討論個案中的不同角色，不同情況，不同取捨與後果等等，找出需要培訓的項目，重點補足；透過這樣量身訂做的引導，對企業接班問題就更能「即知即行，行而有方」；這雖然是作者寫書的附帶目的（hidden agenda），但頗有市儈氣息，就此打住。

1
中小企業因接班問題而毀滅

中小企業接班後敗亡的案例還是在您我身邊，

此起彼落，層出不窮。

既然大家都說「前事不忘，後事之師。」

那我們又該如何協助中小企業處理接班問題？

如何讓企業免除毀滅威脅呢？

過了四十九歲生日後，我就由明基/友達集團的法務與投資部門主管退休，以為自己從此將退出江湖（企業經營），不再過問江湖事；沒想到這幾年來不管是去印尼潛水、法國吃美食、義大利雪地走路、英國聽歌劇，或與朋友騎車於阿柔洋古道，甚至在聖荷西、聖安東尼奧跟朋友家人走山路的時候，我的話題與心思似乎從來都沒有離開過江湖。八年來以周遊列國、上山下海休閒為主，顧問為點綴的生活已經夠了，不想再繼續下去。

所以我又重出江湖，只是這次我只做我喜歡也最擅長的事情：投資與改變現狀；後者以培訓為主，其他就讓長江後浪的青年才俊出頭，不想碰了。

只是這次的對象已經不再是資訊業，而是傳統產業，是台灣的中小企業，我的目標就是協助台灣小企業面對生死關頭的挑戰——接班。

做這事情的表面理由是我想為台灣企業做些事情。其實是我心中有個「念想」，不做實在不甘心。最近幾年來，我越來越發現台灣中小企業如果過不了接班人這個「坎」，就會滅亡，這是大問題，也是大商機。

我所認識的台灣中小企業

台灣中小企業很有活力，只要能夠活下來的，在過去二、三十年事業都有成，獲利絕不是資訊業的「茅山道士」（毛利三%到四%）所能比擬，沒有一五%就是很差的成績了。雖然現在活得很好，但都面臨同樣的致命威脅，那就是接班問題。

過去這幾年因接班不順而搞跨公司的案例我聽得太多了！例如，台灣一家櫃台收銀機大廠，兒子接棒後沒幾年因爲台灣市場飽和，改去中國大陸發展新事業，卻一直賠錢，沒多久原來的辦公室就開始抵押給民間借貸公司，又沒兩年就得開始賣辦公室來周轉資金，退休的創業老爸除了賣房子以外也沒有什麼辦法可以幫助兒子。

有家服飾店本來有五、六百名員工，廠房很大，獲利很好，在業界也很有知名度，但兒子接班後沒兩年，公司就煙消霧散，連大陸工廠都欠了員工一屁股工錢，害得廠房房東到處抱怨，因爲房東得幫忙擦屁股，自掏腰包處理勞工欠薪問題，不然廠房就無法開工，也無人敢承租。

還有一家跨台灣、香港、中國大陸三地的企業，創業老闆突然中風無法繼續掌舵，但兒子又不想接班，也沒有接班的準備，剩下女兒不得不硬著頭皮接班，但公司在大陸有不少檯面下的事情與關係得「喬」，女兒根本不知道如何拿捏，給了怕當冤大頭，不給又怕被刁難，沒幾年，公司就在業界消失了。

更多的案例是第二代跟老爸的觀念完全不同，因而搞垮了公司。

對第二代的批評我們聽得太多了。例如：「年輕人就是愛擺派頭，招了一大堆新人，培養自己的班底，走到哪裡都得前呼後擁，派頭十足，花錢如流水，老爸的兢兢業業到了兒子手中成了一擲千金的本錢！」

許多第二代都是在海外受教育，不少人還去念了個企管碩士（MBA），有了學問後，眼界也高了，自信心也有了；小時候本來對爸爸是充滿尊敬，像神一樣的敬畏，等自己學成歸國，滿腹經綸回到家族企業後，突然發現爸爸許多做法根本都錯了！

公司不但沒有管理，沒有制度，對員工苛刻，甚至是壓榨勞力，工作條件很差，環境汙染，空氣汙染，辦公室因陋就簡得讓人無法待得住，該花的不花，到處省過頭……爸爸過去三十年所建立的公司竟然都跟管理學上的說法大相逕庭，是管理學錯了？還是爸爸錯了？管理學是世界公論的「硬」道理，當然不會錯，所以是爸爸自己不懂得管理，因此公司能有今天實在是運氣，但不可能這樣下去的呀！

所以第二代一回家，馬上提出改善建議，立刻造成父子失和，在公司管理與策略上針鋒相對，家庭、公司兩地氣氛凝重。只是三十年來台灣的中小企業幾乎都是「一言堂」，創業的爸爸說了才算數，所以兒子心中再有不滿，再多的改革意見也沒路用。

等爸爸一交班，兒子馬上鴻圖大展，根據管理學上的要求，大張旗鼓展開新氣象。所以大樓蓋起來了，辦公室堂皇了，以人爲本，讓大家在舒適的環境中工作，辦公室擺飾得有品味、有人文藝術氣息；同時公司制度要建立，作業流程要明確，人事制度要建立績效指標（KPI），專業人士要僱用，落伍的老員工要退位……一連串的改變讓公司形象煥然一新。

少主繼位後手上資源豐富，上門建議策略夥伴的說客絡繹不絕，每個人說的都有道理，每個領域都比現在小本經營有前途，都可以幫助公司跳躍前進，可以脫離舊社會「將本求利」的辛苦經營，可以超越競爭紅海的漩渦，快速進入藍海悠游。新的接班人大刀闊斧地引進新技術、新夥伴、公司多角化、上下游整合、策略聯盟，所有管理學上的高端名詞一一在公司裡面出現，加上開會中三不五時還得講講英文。

西裝革履的銀行家與投資顧問陸續上門，各個氣質軒昂，談吐不凡，公司轉型成功！報章媒體一片叫好。

但不過兩年，累積三十年的家產卻突然都敗光了！

為什麼？轉投資「揁龜」了，什麼太陽能、LED、生化科技、文化產業、網路行銷，所有對外投資全都泡湯，加上本業客戶被搶，通路被挖牆腳，財務開始吃緊，開始賣大樓，開始留不住員工了，三十年累積的家業，在「管理現代化」的大帽子下短時間就被揮霍得蕩然無存。

錯在哪裡？是受過高等教育的接班人錯了嗎？還是身為創業老闆的爸爸錯了呢？事後論英雄，誰都可以講出一籮筐的道理！但是問題還是沒有解決，所以中小企業接班後敗亡的案例還是在您我身邊，此起彼落，層出不窮。既然大家都說「前事不忘，後事之師。」那我們又該如何協助中小企業處理接班問題？如何讓企業免除毀滅威脅呢？

這就是長期縈繞我心的「念想」，也是我東山再起的最大原因。

坐而言，起而行

退休前我在資訊業工作了二十多年，多半負責投資與法務，只要跟錢、法相關的，天天都是麻煩事；但是在資訊業似乎從來沒有碰到接班人的問題。這要感謝宏碁集團創辦人施振榮先生所創立的「傳賢不傳子」，大部分資訊業都以專業經理人掛帥，經營權與所有權本來就是完全分開的，所以只有選擇接班人的挑戰，沒有第二代接班的問題。

二〇〇九年我在「電子時報」上發表了一系列的文章〈石破笈〉，公開呼籲台灣資訊業已經走到底，沒有發展前途了，台灣必須往其他方向發展。（文章發表之後除了私人朋友讚賞外，只有昔日老闆，現任華碩董事長施崇棠曾當面說我寫的有涵義外，似乎只有聯發科高層透過朋友蒐集所有報導表示值得思考，除此之外，我接到的多半是討伐之聲。文章寫後不到兩年，資訊業果然成了資訊「慘」業。）

我自己既然認識到資訊業沒有前途，當然就得退出資訊業，也把私人顧問及投資的方向都做了大轉向，改往傳統產業去，以「食衣住行育樂」公司為主要標的。傳統產業除了特大的幾家如康師傅、統一集團以外，多半都還是中小企業。

拜訪幾家傳統產業後，我就發現狀況不對了。

我發現台灣中小企業不管現在多好，業績成長多快，產品多麼有競爭力，銷售渠道多廣，人脈多少，都有個潛在的致命所在，那就是「接班人」的問題，而且大部分的台灣中小企業發展到現在，創業者都已進入銀髮世代，面臨「必須交班」的時候了。

中小企業都是靠創業者天縱英明，親手親為走出今天的局面，公司裡面所有決定都是老闆說了算，成敗都看老闆一人；所以公司交給接班人以後，如果接班人有能力接得好，企業就可蒸蒸日上，如果接班人不行，短時間內就會讓公司敗亡。

對中小企業而言，既然接班人這麼重要，那麼有多少企業會對未來接班人展開培訓計畫呢？

竟然是……少之又少！絕大部分的中小企業老闆對接班人的培養雖然心中擔憂，卻也不知如何處理，看看左鄰右舍以及打球的朋友都是讓第二代跟著爸媽見習，最多換子而教，如此而已；自己也只能依樣畫葫蘆，希望第二代見習幾年後自然就可順利接班。

問題是，如果這種方式行得通的話，爲什麼企業接班後公司敗亡的例子遠多於成功的呢？

事實是，「見習」的方法根本無助於接班！

錯誤學習

我常拿開車來比喻企業的接班人，創業老闆是老（而熟練）的大型遊覽車駕駛人，家大業大。問題是，接班人坐在旁邊見習幾年就可以自己上路開車了嗎？

現在企業所面臨的政治、經濟、金融、科技網路、競爭環境等等遠比過去三十年複雜、快速得多，有如遊覽車所面臨的路況、天候以及車內乘客的要求都是變化莫測，這種情形下連老駕駛都未必能順利開好遊覽車，何況只在旁邊見習幾年的新人？

再說，三十年前，當第一代創業時可是一步步來的，像是先學走路，再學跑步，之後學腳踏車，再學摩托車，逐漸學開四輪的，最後才學開遊覽車，花了三十年才到今天，當時環境也還允許創業老闆一步一步來。

而現在第二代一接班，馬上就得開著大型遊覽車，還沒有經過逐步學習，就得上高速公路，遇上天雨路滑，氣候不佳（例如：企業競爭環境劇烈超於以往），車內乘客還七嘴八舌的亂哄哄（例如：企業內老臣主管意見很多，有時候還得加上創業者本身指東指西的），這種情形下，新駕駛能不跌個人仰馬翻，車毀人亡才怪哪！

所以用「見習」方式培養出來的接班人注定就是個失敗者。

另外還有很多誤導消息，讓創業老闆掉入陷阱，從錯誤中學習，錯上加錯。下例就是媒體對大企業接班人培養的一個經典報導，媒體報導：「李嘉誠培養第二代的方法就是在李澤鉅、李澤楷八、九歲時，即安排在公司董事會上靜坐一旁，作爲學校之外的另一項重要課程。李嘉誠的做法被富一代們奉爲培養接班人的金科玉律。」

看起來很有道理，但對中小企業而言，不但不適用還會重大誤導。關鍵處有二：

一、李嘉誠家大業大，專業經理人衆多，所以兒子不必自己開車，只要知道如何管理司機就行了。他們隨時都可以招攬世界上最好的司機幫他開車，開不好隨時都有備胎司機可上場。而台灣中小企業老闆都是自己開車，這跟學會命令司機開車，管理司機是完全兩碼子事。

二、學習管理司機可以用觀摩的，可以用見習的，可以由爸爸的示範行爲中學習，也可以從旁觀察爸爸如何發號施令，如何思考；既然司機（專業經理人）是以開車爲職業，不管任何路況都會採取恰當的應變措施，即使發號施令的人講錯了，最多也只是走錯方向，走得太快、太慢，還不至於傷筋動骨。而台灣中小企業第二代都是自己開車，所以光是學人家這種「見習發號施令」的方法，並無助於自己開車上路的呀！

台灣中小企業本質難交班，更難接班

幾年前，當我把投資對象專注於傳統產業後，我開始深入了解傳統產業，並開始與中小企業創業老闆交往，這幾年蒐集歸納出中小企業先天上就難以接班的四個主要理由。

一、缺乏制度，本來就很難（交）接班。

中小企業經過三十年後能夠存活下來的都有幾把刷子，但多半欠缺明確結構與組織制度，多半以「人治」爲主。

要嘛一人獨斷，要嘛重要主管都是自家人，不是兄弟姊妹，就是外甥姪女，串來串去都是同一家族或是姻親關係。加上中小企業沒有太明確的選訓考用、升遷績效制度，好一點的在生產方面還有些標準作業程序（SOP），差點的連這個都沒有，公司管理大部分靠老闆事必躬親，隨時見招拆招，而公司運作靠彼此的「博感情」，靠關係；這種因人設事，以人治關係爲主軸的運作方式在先天上本來就難以交班，更難接班。

二、公司業務錯綜複雜，難以接班，老臣衆多，意見分歧。

很多企業成長了三十年，做的東西很多很雜，不但生產基地有台灣、大陸，還經常在海外設有工廠，加上公司經營與上下游建立不少的合縱聯盟，在廣度深度上面都很雜、很大。

台灣許多中小企業只要找到能賺錢的門路，或是省錢的地方就會想辦法進入，不但生產自己來，模具自己開，通路自己跑，客服自己處理，財務自己接洽銀行，原料供應商也得參與合資，還有社會關係建立，影響力團體建立……透過三十年的經營，不管是事業、關係都是錯綜複雜，要接班人一一接班還眞是困難重重呀！

在旁觀者看來，要處理也不難。既然創業老闆想順利交班，那就把現在的事業做個整理，以第二代有意願也接得起來的核心業務爲主，把其他非核心業務，或是接不起來、沒興趣接的業務都做些處置，可以賣給其他團隊（專業名詞叫作 management buyout），或者跟人交換改爲合資（Joint venture），或是獨立（spin off）。同時集中火力提高核心事業的「可接班度」。

上述說起來容易，只是創業老闆多半不會這樣做，理由很簡單：自己掌舵的時候明明很順利，爲什麼年輕人就接不下來？觀點不同，認知各異，所以接班難爲。

此外，爲了避免創業老臣消極抵抗或意見分歧，最好也跟創業老臣建立共識，讓元老重臣在適當時機退出經營團隊，減少年輕人接班過程中不必要的困擾，創業老闆把路鋪得越平，接班就會越順利。

但這還是說得容易，做起來難，一方面這些老臣除了留在公司以外，出去也不知道做些什麼好，當然只想繼續留在公司裡。而創業老闆也不太忍心做惡人，雖有念頭勸退當時一起創業的公司元老重臣，但想歸想，也很少動作。等新人上台，叔叔伯伯一大堆，各個都比自己資深，說什麼做什麼都有人說閒話，要順利接班其實也是很困難的。

三、子女不想接班，即使接班也會力求轉型與多角化，以突破陰影。

台灣中小企業很多都是從黑手做起，由工廠起家，而且工廠的工作環境、勞工待遇以及管理上都辛苦得很，還有些事情未必完全符合法令。創業的爸爸辛苦開創事業，宵旰憂勞，夜以繼日，對每一毛錢都當作車輪一樣的重視，點滴累積才創立了企業的基礎。

第二代子女出生時經濟環境好，所受教育也高，知識眼界當然比父執輩高遠，看到爸爸所創的事業辛苦又簡陋，灰塵積累，環境骯髒，實在提不起任何接班的興趣。很多人之所以接班，並不是出於意願，而是出於「責任」，無奈之下，不得不接班。

即使接班了，大部分的第二代也不想完全延續上一代的經營方式，更不想讓自己的青春消磨在辛苦的工廠裡，當然力求突破困境，另謀成長之道。

上焉者走破壞性創新，引進全新的作風，或往業外投資，走多角化，下焉者則抄捷徑，走險路，往財務操作或槓桿方面進行；不管怎麼做，目的都相同，希望能夠早日走出自己的一條路，擺脫上一代的陰影。

問題是投資容易，要走多角化更是容易，但要從這些地方賺錢？那就非常困難了。所以出師不利者比比皆是，鎩羽而返，損失大筆金錢的在媒體報導中到處見得到。

有人問我，他認識的接班人明明不吃喝嫖賭，很認眞地做事，爲什麼偌大的家業竟然兩、三年內就被第二代給敗光了呢？我告訴他很多敗家行爲都來自於「業外投資」，大筆鈔票被人家燒啦。前幾年的太陽能、光電、電池、生化科技、文創產業，都燒掉了上百億的鈔票，很多的第二代接班人都是當中的敗金族。

根據我們的經驗，要想協助中小企業接班人順利接班，除了把老企業做上述的「汰蕪存菁」整理外，最好還能幫第二代的「三心兩意」尋找輔導與解決之道，這樣既可讓本業接班成功，也可避免業外投資成爲錢坑；雙管齊下，才能讓第二代樂於接班，也可確保接班後的企業不會多個燒錢的坑。

四、台灣中小企業不知道如何使用專業經理人。

從接班角度來看，專業經理人雖然還算不上是關鍵因素之一，也非必要考慮因素，但專業經理人的有無，以及能否正確運用，卻對接班成敗有很大的影響。

台灣中小企業之所以成功，就是因爲創業老闆天縱英明，單槍匹馬打天下，根本不需要，也不想用專業經理人。再者，「打虎還需親兄弟」的觀念之下，還是自己人耐操、可靠，所以中小企業根本沒有想過要用專業經理人，此外，我還歸納出三個原因：⑴專業經理人太貴；⑵創業老闆沒有僱用專業經理人的經驗，也不知道如何管理專業經理人，所以無從判斷「值不值得」；⑶加上耳聞甚多專業經理人集體跳槽到競爭者，或是公開跟接班人對立的案件，都會讓企業老闆對專業經理人是既想用，又不知如何用；因此對僱用專業經理人興趣缺缺。

這些看法很對，過去也都行得通，但接班之後卻無法蕭規曹隨。前面說過，現在企業環境多變，分工精細，業務挑戰既雜又廣，任何接班人都不可能是個三頭六臂、全能的神，突然接掌偌大的企業，既分身乏術，也無法面面俱到，除非像剛剛所提的，創業的第一代先把企業做些精簡，否則難以接班；這種過渡時期正是專業經理人可以協助分憂解勞，提供服務的地方。

爲什麼我必須協助第二代接班

過去我做創投與新事業孵化、購併等，自然得關心企業領導人的風格與經營管理，但原則上並不會參與被投資公司的日常運作。只是這種做法在資訊業行得通，到了傳統產業似乎就有些窒礙難行。

剛剛提過，中小企業情況再好，現在都面臨創業者年紀已步入銀髮世代，必須考慮交班的時候，如果接班人不行，企業前途堪憂，那我所投資的公司就有很高的機率會一夕翻盤，血本無歸，所以站在自私與提高投資報酬率的考慮下，我得因應中小企業的體質與特性，改變我的投資原則如下：⑴首先，我得確認這家企業值得投資，⑵得確認這家企業有接班人選，⑶最後得驗證接班人有意願接班，⑷既定的接班人也接得了班；符合這些條件的公司我才會投資。

問題又來了，努力了兩、三年，我一個案子都沒能投資出去！我開始急了，事實證明，要依照我的投資原則，還眞的很難找到能投資的公司。

我得再度改變投資原則，只依公司現狀做判斷，根本不管接班的問題，然後承擔更高的風險（明知接班後的風暴遲早必然發生）；否則我就得親自「撩」下去，跟我有興趣投資的公司一起解決接班人的問題，甚至還得幫助公司做整理，協助接班人順利接班，這才能確保我的投資報酬率。

考慮再三，似乎沒有什麼選擇，所以我決定由袖手旁觀的投資者變成親自下海的接班人培訓者，並以此爲東山再起的事業主軸。

蒐集培訓教材，研究培訓機構

接下來的事情就是找到適當的教材與教案，或是找到適當的培訓機構一起合作。當初認爲教材、培訓必然唾手可得，到處都是，但事與願違，經過努力蒐集與研究後發現，報章雜誌書籍雖然很多討論第二代接班與培訓的題目，可惜的是台灣這類材料很少，有的話也多不可用，我轉向大陸媒體尋求解答。

仔細探討後，大陸資料雖然比較多，但對台灣中小企業接班問題上，還是不適用。

主要是中國大陸企業成功的因素跟台灣有很大的不同，大陸比較像春秋戰國時代，中原沒有什麼遊戲規則，任由英雄各顯神通，所以有些以掠奪爲主，有些以取巧爲重，當然有些是正當經營，卻隱含更濃厚的「官商合作」，這些成功模式很難複製，更難延續，這與台灣過去三十年來的經濟成長模式大不相同，所以大陸雖有不少企業成功以及談論接班的材料，卻很難拿來給台灣中小企業使用。

其實台灣也找到不少談接班的材料，碩士論文尤其多，只是幾乎都是研究現象，並非提出解決辦法，坊間出版書籍倒是找到了幾本，但卻多半把接班問題簡化，偏重分析，無法照表操課。

我又開始研究培訓機構，了解中國大陸與台灣開辦的第二代培養課程與師資。例如台灣生產力中心就開辦了「NeST 企業家二代研習營」，引述生產力的說法，「強調結合教育性及娛樂性（Edu-tainment）之創新學習模式，列了『信念養成』、『領導氣度』、『策略思維』、『溝通藝術』、『執行整合』五大學習主軸，強調在五天研習營中學習經營企業所應具備的關鍵管理能力，增進企業未來接班人在最短的時間內突破現狀，勾勒出未來接班大計」。

但這些課程跟我所了解的台灣中小企業接班所需要的項目並不符合。

如果我還是以開車來比喻的話，台灣生產力中心以及許多培訓課程都只是教導開車理論，開車注意事項以及馬路標示牌，跟實際開車上路能力、經驗培養扯不上邊，多半以受訓學員間的聯絡情誼，認識朋友爲主。

位於台北市金華街的政大公企中心在二〇一三年初曾經跟我聯絡兩次，希望我對他們所提出的第二代培訓課程提供建議。我本來興致勃勃，沒想到我一接到課程大綱後發現又是另一個談接班的「理論」課程，說道理一堆，但實際能用上的卻看不到。這些培訓機構把企業接班問題都過度理論與簡化了，以爲只要幫第二代講講課，練習一下人際溝通關係，說說ＥＱ就可以讓接班人學成下山，順利接班。課程的規劃本質上跟我所要找的完全不同，無從建議起，只能拒絕協助。

研究得越多，我越感覺到必須自己寫書當作教材，還得自己編寫教案才能協助創業老闆解決接班的問題了。說起來雖有敝帚自珍之嫌，更濃厚的卻是莫奈何與不得已而爲之的味道。

接班的成功模式

開始研究接班人的題目後，這就成了我跟創業老闆的熱門話題，談話中很多老闆都會問我說：「到底成功的接班人是個什麼樣子？有什麼例子可以給我們當參考？」

以客爲尊，既然客戶有此要求，我又開始尋找台灣與大陸「成功接班」的案例，希望有成功的接班模式作爲標準答案來用。

首先，得界定什麼叫做「成功接班」？

企業界向來是以結果論英雄，所謂「成功接班」可以用兩個最基本的量化、質化因素衡量：

1量的指標：接班（或是分家）後第二代主導的事業版圖與市值不能比原來創業老闆還小。

2質的指標：接班後在多角化、業外投資方面必須有顯著績效與公認成果。

可惜的是台灣中小企業接班前後比較的報導很少，所以我只能拿檯面上的大型企業爲對象，尋找接班成功案例，希望藉由大型企業接班案例中找出一些適合中小企業創業老闆及接班人的參考做法。

首先，我必須捨棄資訊業，因爲資訊業是資本密集、制度較爲明確，加上高級人才密集，多半由專業經理人主導，接班問題多數是由選擇接班人開始，衆多候選人再經過一系列的競爭過程後由董事會決定誰是接班人；這種方式跟中小企業人治爲主、資源有限，接班人選少等等大相逕庭，所以資訊業的接班案例首先排除。

剩下來就是傳統產業以及金融銀行業的接班案例了。

做過一番比較後，我發現台灣的潤泰集團尹衍樑先生應該是接班後效果最顯著的，因爲接班前後集團市值成長二十倍以上，版圖更是由二類產業延伸到八大產業，各個都是自己從頭開始，並非購併而來，加上每個新興事業都是績效顯著，在企業接班第二代中，無人能出其右。

三十年前，潤泰在尹衍樑當「儲君」（副總經理）的時候，是尹書田（尹衍樑父親，大家都稱呼他掌櫃）當董事長，歐錦科（聽說他從小就跟著掌櫃）當總經理，尹夫人王綺帆女士當財務主管。我記得當時潤泰有六個廠都跟紡織相關，另外就是潤泰建設，除此以外並無其他顯著的事業，股本是三十億元左右，股價當時有好長一段時間在十二元上下，推算出潤泰工業加上潤泰建設的市值應該在四十到五十億元之間。

三十年後的今天，我們看媒體報導，潤泰集團市值早已超過千億元新台幣以上，而且跨越紡織服飾、建築營造、金融保險、流通量販、醫療事業、文化教育事業、生化科技，還設立與諾貝爾獎金相抗衡的「唐獎」，在中國大陸設立研究機構等等，每個領域都是成功的典範，都是領頭羊！這跟接班前的價值已遠超過二十倍的成長。

以結果論英雄的話，潤泰接班應該就是我們能藉以參考的「接班的成功案例」了。

參與潤泰接班立基的頭三年

幸運的是，我對潤泰接班過程知之甚詳，因爲我就是第一批被尹衍樑招募進去成爲他接班「班底」的成員之一。

一九八二年夏天，我剛由政大企管所畢業，那時候找工作比現在容易得多，經過五關面談通過後，本來要去ＩＢＭ受訓後當個鍍金童，身穿西裝領帶拿高薪的外商業務代表。

去ＩＢＭ報到前，尹衍樑透過老師介紹，邀請我去潤泰面談，談過後馬上就給我口頭聘書，提出的薪水卻比ＩＢＭ少了一〇％；我回來考慮了一天，實在難以拒絕尹先生的熱情，跟太太（那時我已結婚）商量後，硬是把拿到手的ＩＢＭ聘用通知書退掉，一頭栽入以紡織生產爲主的潤泰工業，從電腦室的電腦程式設計師做起，進而負責整個電腦室運作。

進入潤泰時，尹先生成立了一個全新的「企劃部」，辦公室設在民權東路的頂樓違建中，他找來當時在新光當過高管的陳金賢當企劃部主管（職稱副理，後升爲經理），我除了負責電腦室主管外，還當陳經理的企劃部助手，職稱主任（後升爲襄理），還有台大商研所的陳金印（負責人事），陸續招進來好幾位ＭＢＡ，例如現任大潤發掌舵的黃明端（他從業務入手），大潤發財務長徐盛育（由財務入手）等，連台灣基金業教父人物許立慶都曾跟我們一起在潤泰同事過，之後加入許金水（曾任書田醫院副院長）、徐志璋、丁祈安等好些ＭＢＡ。

我當時沒有在大集團工作的經驗，完全不知道我們的角色原來就是協助尹先生接班，這還是部門主管陳金賢跟我解釋的。

其實我也不知道尹先生如何進行接班的準備工作，懵懵懂懂的搞不太清楚狀況，多謝陳經理在新光歷練了好幾年，經驗豐富，閱人無數，對人與人的纖細互動更是觀察敏銳；加上他跟我甚爲投緣，每天下班前後或是一起開車去新竹工廠途中都會跟我解釋當天發生人與事的來龍去脈，尤其是人際間互動關聯性更是詳盡。

尹先生待我們非常好，大部分時間對員工都很客氣，只是偶爾會因爲壓力大而發脾氣；他時時刻刻都在教導我們管理、人事與溝通的知識和技巧，還幫我們解釋道理。除此之外，看我們鄉下人沒見過世面，特地帶我們去諾曼第吃了好幾次的法國餐，每次都找餐廳經理親自指導我們如何鑑賞西餐，三不五時還帶我們去吃號稱台灣第一涮涮鍋的欣葉餐廳吃松阪牛肉，並且找來謝安田教授以及其他許多專家教我們商業談判、英文會話、溝通技巧，並送我們去瑞典與德國學習染缸電腦控制程序的撰寫，還到南非去考察海外工廠設廠的可行性。

除此之外，尹先生並指派我們到六個工廠學習與歷練公司制度化的建立，並高薪聘請台塑高專前後二、三位來指導我們學習台塑集團的績效評估（工繳計算）以及人事制度。那三年期間，尹先生多次的商業談判以及外界交往都帶著我們從旁見習，跟ＨＰ買電腦讓我真正見識到所謂的商業談判與事先情報蒐集、情報散布的奧妙。

我在潤泰三年所學的內部管理、公司制度建立、人際關係、內部權力結構變化、兩代之間的互動，父執輩高管與接班人本人和班底的互動，以及外界人脈的建立、新事業的導入過程，以及新投資評估等等都讓我留下深刻印象。

這部分我本來想把細節都寫出來，但考慮到即使我就事論事，或是把過程「抽象化」（zoom out），都是跟潤泰集團相關，雖然尹先生大人大量未必計較，但我還是得顧及許多同事的感受以及當事者未必樂意我把歷史故事公諸於世，所以考慮再三，我還是把這部分的細節刪掉了。

一九八六年，資訊業逐漸冒出頭來，我還是想回到資訊業去，所以辭職先入電腦公會，再進到宏碁集團。後來宏碁分家我選擇去明基友達，很快的我就發現當時潤泰教我的經驗讓我在資訊業用了三十年，讓我在不同領域游刃有餘，經歷了業務、維修、海外、投資、新事業開發以及法務等等工作，直到退休似乎都還沒有用完。

其實我自稱「尹先生接班的班底之一」有些自我標榜的嫌疑，因爲這是陳經理跟我解釋後我才搞清楚狀況的；尹先生自己倒是從來沒有這樣說過。他只是對我們的疑問知無不言，言無不盡，還親自參與許多規劃與推行的過程；那三年我親身參與了尹副總接班以及開創新事業的「起源與扎根」的過程。

私底下尹副總跟我們頗爲親近，我們去他家好幾次，跟尹先生的母親也很熟，後來還因爲尹先生的堅持與幫忙讓我有能力買了第一棟房子，就在尹媽媽住所的樓下，我們還常吃到尹媽媽在頂樓菜圃親手種的青菜。

我在潤泰工作的三年期間，尹先生每年重要節日都會親自到我草屯老家看我爸媽，帶來不知如何拿到的大陸女兒紅、大陸黃酒送我父親，還有禮物給我母親，坐著跟我爸媽話家常，親自道謝我去潤泰服務等等；過年過節的紅包獎勵金額鉅大更不在話下，每次都會讓我汗顏自己貢獻不足，何以爲報。

寫書到此，想起衣櫃裡面整齊的掛了好幾套三件式西裝，都是潤泰期間尹先生出錢幫我們打理去量身訂做的行頭，我還特地留著當紀念。尹先生個人教了我們很多東西，時時提醒我們做人就得注意到「恩田、義田、敬田」，他不但解釋給我們聽，還帶著我們做。印象中，似乎只要發生政壇變局，有下台的政治人物，我們就會有人跟著尹先生去拜訪。

現在看來，我待在潤泰那三年期間還眞是尹衍樑先生接班的初期，回想起來，我深深的感謝尹先生以及陳金賢先生，他們兩位幫助我對第二代接班的心理、環境，以及過程有深刻的體會與了解。

接班五大面向

後來我又累積了育成新事業、投資以及整頓公司的經驗，加上這幾年來深入訪談台灣中小企業創業老闆，多方接觸到接班話題後，我慢慢地歸納出幾個「接班成功關鍵因素」（key success factors, KSF）。

要想接班成功，首先得幫助接班人與創業者了解（awareness），並面對接班挑戰，然後才能依照個別企業的重點所在，透過下列五個面向分別（或一起）進行接班準備與培訓。

第一、幫企業創業老闆「整理」公司，讓企業交得出去，也讓接班人有能力、意願接得下來。

第二、協助協調與安頓公司的資深主管，讓接班人可以增加助力，減少掣肘阻力。

第三、協助接班人提升自己的能力，培養自己的資源。

第四、協助接班人如何判斷「多角化投資」以及策略聯盟的選擇。

第五、必要時，還需提供契約聘僱的專業經理人或傭兵，協助處理關鍵階段，達成雙方約定任務後功成身退。

通則與量身的必要

事實上，每個企業都有許多自己獨特所在，我們雖列出了接班通則，但還不能「以不變應萬變」，必須再依每家企業牽涉到的重要因素來個別處理。況且現在台灣中小企業接班的氛圍跟潤泰當時尹衍樑先生所面對的接班情況有很多不同。

首先是競爭環境不同，資源也不同，加上尹先生當初大量引進ＭＢＡ，厚薪培養，深入歷練，這都是中小企業無法做到，可能也是不願意出錢的地方。

其次，我們當初在公司制度建立方面下了很大的工夫，派出十多個人到各個工廠去了解現行作業方式，又高薪挖角台塑高級專員多人，引進台塑總管理處作業程序、管理制度，以及工繳計算方法，耗費甚多人力物力由各方面同時進行，這種深度、廣度與大量資源的配合也未必是中小企業可以運用的。

再者，在建立新事業方面，尹先生派我們多人多次出國，這種花錢學習關鍵技術的費用似乎也超出中小企業能承擔的。

最後，尹先生當時職稱副總，公司有掌櫃負責大方向，歐總經理負責事業經營績效，距離他本人接班還有好幾年的「準備」時間，所以我們這些新進的ＭＢＡ即使犯錯也還有很多時間可以改正；相較之下，現在的中小企業能否有這麼長久的時間慢慢摸索，這也需要再三斟酌。

到底要如何根據「接班五大面向」，並且能夠因應各家中小企業的狀況規劃出該企業適合的接班計畫呢？

凱薩大帝曾經說過一句話，翻譯成英文就是：I came, I saw, I conquered。（我來了，我見到的，我都征服了。）這句話說得好呀！

我們都明確地看到了企業接班人的重要性，也很樂意的參與其間，剩下來的就是與企業創業老闆及接班人一起合作，共同努力了。這本書說到這裡也就是個「起手式」，算是給企業老闆與接班人有個概念，也做些熱身準備吧。

2
中小企業的接班困境與影響

台灣的中小企業因為資源有限、人才也有限，

往往只要接班人做錯一兩件重大決定，

就會讓累積三十年的企業在短期內致命；

每家毀滅的中小企業影響到的員工以及眷屬動輒幾百人。

讓數字說話

根據經濟部中小企業處的統計資料顯示，台灣中小企業平均存活壽命僅有十三年（另一個資料說壽命只有七年）。再根據該處發行的《二〇一二年中小企業白皮書》顯示，二〇一一年台灣中小企業現況：

●家數有一百二十七萬九千七百八十四家，創下近年來最高紀錄，占全體企業家數九七．六三％，經營型態上，有五六．七二％的中小企業採獨資方式經營。就銷售值而言，二〇一一年中小企業的銷售值十一兆二千億元（年增四．八四％），占全部企業比率爲二九．六四％。

●在就業人數方面，二〇一一年中小企業的就業人數八百三十三萬七千人（年增一．七八％），占全國就業人數七七．八五％。

也就是說台灣工作人口當中，將近八成的人是在中小企業中任職。因爲中小企業的平均壽命只有十三年，所以有八成的台灣工作人口在十三年前後，會受到公司關門的影響。

有關接班人部分，台灣只有大企業的數字可參考，而大陸對中小企業接班人報導倒是比較多。據《富比世》二〇〇九年報導，家族企業占全球企業總數八〇%，在英國家族企業有七五%，在印度、拉丁美洲、中東地區有超過九五%的企業是由家族擁有，這樣的經濟組織數量龐大，實力堅強。

《富比世》中文版發布「中國現代家族企業調查報告」中顯示，A股上市的民營企業中，家族企業的比率接近一半。在這些上市家族企業中已完成二代接班的僅占七%。

中國大陸某外商證券公司曾做過一項研究統計，發現東亞地區的家族企業只有一五%能夠成功交棒第二代，但能繼續順利傳承到第三代，只剩下二%。美國家族企業中，高達三分之二比例的企業最終走上倒閉的命運。在英國，企業傳承的失敗被列爲企業停止營業的主要原因，諸多實例證明家族企業接班傳承不易。

既然台灣中小企業平均壽命只有七年到十三年，也就是說很多企業在第一代手中就結束，根本不必接班。另外很多企業在接班過程中失敗，所以結束。眞正能夠順利接班是極端少數，能夠接班後而發揚光大的，更是鳳毛麟角。

至於有些企業比較常見的接班方式是以「分家」做處理，讓子女各自掌管分來的財產，這到底算不算接班呢？還是只算分產管理？這是學者要研究的問題，並非我寫這本書的興趣所在。

台灣對中小企業接班的問題只有在碩士論文中見到好幾篇，而媒體所報導的多以大型企業爲對象，舉例如下：

●二〇〇九年第四三一期的《天下雜誌》，針對台灣排名一千大企業的三十大集團進行接班規劃大調查，其中有四〇％的企業沒有規劃接班人，而這三十大企業的市值高達新台幣十三兆元，等於台灣一年的國內生產毛額（GDP）。未規劃接班人的公司中，四成的領導人都早已過了六十耳順之年，甚至還有一群年齡高達八十歲的董事長們，仍然謹守崗位爲總共一百八十萬員工的生計堅定領航。（只是這些高達八十歲的董事長是不想放手呢，還是無法放手？這是另外的話題。）

●早在二〇〇六年七月份的《財訊》雜誌就刊載〈老企業家新接班人〉的特別報導，文章明白指出「第一代拚、第二代等、第三代洋」的主題。到了二〇一〇年出版的《財訊》第三五六期，更接續報導台灣大企業接班人的特質，都是被送出國念書，進入家族企業之前很少參與企業經營，在美國居住的時間比台灣長，英語說得比台語好。

● 據報導某會計公司對全球家族企業的傳承及接班進行調查，報告中提到台灣家族企業中有三分之一是上市公司，而且「過半」的家族企業正在面臨接班的挑戰。據此推算，台灣中小企業面臨接班挑戰的比率應該比「過半」還高得很多。

我做投資十多年，後來又參加扶輪社，經常碰到很多中小企業創辦人（老闆），閒聊時候只要談起接班人主題，人人都有興趣，但所提到的幾乎都是接班失敗的案例，而成功接班的消息卻寥寥可數。

什麼是中小企業

雖然我們這裡所重視的不是「誰屬於中小企業」而是「接班問題」，但總得概略說說什麼是中小企業。

根據國內某學者的角度，他認爲：台灣的家族企業定義是「一群具有血緣或姻親關係的人共同籌設創立及經營的企業。共同股份占五〇%以上，即使低於五〇%仍掌控控制權，企業的高層主管中至少有兩位數以上的家庭成員，其中包括財務及人事主管在內。」或是以「同一家族的成員藉著持有企業和公司半數以上的股權控制企業的經營權，企業董事會三分之一以上的席位都由同一家族所有」，這種企業都是所謂的「家族企業」。

美國對中小企業有幾個判斷方式，首先是經營管理是獨立的，通常業主即是經理人，由個人或某一小團體提供資金來源，且資金提供者掌握公司所有權，經營範圍多限於地方性，員工與所有者居於同一區域內，但市場則不限於同區域。

台灣經濟部中小企業處的官方版定義則爲：原則上以員工數的定義標準計算，即礦業及土石採取業、製造業、營造業員工二百人以下，其他各業一百人以下者爲中小企業；或是依據中小企業發展條例之中小企業認定標準加以分類，凡礦業及土石採取業、製造業、營造業之實收資本額在新台幣八千萬元以下者；其他業別前一年之營業額在一億元以下者均屬之。

暫且不論企業大小，只要談到接班人，在我看來，國內企業除了資訊業偏重專業經理人主導外，其餘的企業絕大部分都應該算是「家族企業」，而家族企業中絕大部分都是中小企業。

大型企業的接班人選不是問題，因爲多的是後代子孫想爭取接班，而且企業越大越有規範，比較不受個人因素影響。但台灣的中小企業就不同了，因爲資源有限、人才也有限，往往只要接班人做錯一兩件重大決定就會讓累積三十年的企業在短期內致命；每家毀滅的中小企業影響到的員工以及眷屬動輒幾百人，茲事體大，不能不重視。所以我比較關心中小企業接班人的問題，經過報導與論著的蒐集，我做些整理供讀者參考。

接班人選皆以家族人爲考慮

中小企業的接班人絕大多數都由自己家族的人選，子女、女婿媳婦，或是姪子（女）、外甥（女）皆是家族中人，很少有創業家把企業交給專業經理人來接班的，這當然是很可以理解的。

媒體報導提到許多百年企業能夠永續經營，就是掌握了家族治理規範與溝通機制，例如香港的李錦記傳承四代，就因爲有一套獨創的家族憲法。

其家族憲法規定：下一代要進入企業必須先到其他公司鍛鍊三到五年，經過與家族外成員的公平競爭、擇優錄取後，才有機會進入集團。同時家族憲法甚至鉅細靡遺規定：六十五歲要強迫退休，離婚或婚外情得自動退出公司董事會，還成立了「家族委員會」，在家族會議中，家庭成員可以就各種問題彼此溝通。

有鑑於許多家族企業把家庭問題跟企業問題混爲一談，既影響企業決策品質，也傷害到家族之間的感情，所以明確把家族成員區分爲：單純的家族成員、股東、董事和管理層四個角色，既保證了集團發展的穩定，也讓每個家族成員有公平競爭的機會。

台灣中小企業接班的困難處

中小企業創業老闆都已經習慣船到橋頭自然直的處理方式，加上周圍的友人也都不知道該如何培養接班人，所以自己也沒必要緊張吧？這是多數中小企業接班的困難之一。

此外，很多人都知道新的環境和競爭條件跟過去有很大的不同，也知道舊方式不能保證接班成功，但要採行新方法，又不知道該如何著手，既缺乏該有的知識與技能，又不知道該給什麼樣的培訓才有效果。

中小企業內部多半以師傅帶徒弟的方式傳遞知識，創業老闆也只會這種方法，所以對子女教育的問題時常不知所措，除了找小孩在旁邊見習以外，不曉得還有什麼辦法可以將自己過去的成功經驗、財富觀念、企業經營，以及管理理念傳遞下去。

很多創業者認爲接班會對整個家庭關係有新的衝擊，也會促使家族關係網與影響力的重整，使情況變得太複雜，還是以不變應萬變，省得家庭關係緊張。

企業中老一輩的創業元老與接班人之間的融合也是很難處理的問題。年輕的接班人一般都不喜歡留下父輩的管理團隊（什麼事都跟以前做比較，會倚老賣老，會說東說西），但自己所建立的班底又接不了班，所以兩代之間的衝突矛盾往往成爲接班失敗的導火線。

財產可以交棒，但創業老闆在公司裡面的影響力卻無法移轉，往往使得接班人必須跟爸爸的「影響力」明爭暗鬥，甚至還得搞內部奪權，越接（班）越亂。

第二代在職場上有更多的選擇，不想接班，當爸爸的也沒什麼辦法。上海交通大學品牌戰略研究所所長余明陽教授就曾經做過一次調查研究，一百八十二個樣本全部是中國最好的民營企業家，其中核心樣本是五十四個，這五十四個樣本全部是中國同行業當中排在前三位的企業。調查結果發現有八二%的第二代企業家不願意接班，或者是非主動（不得不）接班。

當爸爸的感覺到第二代的個性得先更改才能談接班，不然ＥＱ（情商）不好，脾氣太壞，對錢不重視，又浪費，做起事情還沒有準備好就貿然的行動，加上年輕人都不想固守本業，心浮氣躁，以這樣的子女，根本沒有準備好接班，怎麼敢交班給他們呢？

很多企業的第二代自小就養成「富二代」心態，從小在爸媽眼中就「不成器」（子不肖父，所在多有），不但缺乏危機感與應對壓力的心理反應機制，對父輩事業也不想了解，從小在優異生活環境中養成高消費習慣與缺乏耐心，習慣頤指氣使，卻不知領導統御。加上很多第二代個性囂張，喜歡炫富，眼中只看到物質財富，對經營事業的能力與修養欠缺，這種「阿斗」的人要如何接班也是讓第一代創業老闆頭疼得很。

中國知名電器廠商「大中電器」創建於一九八二年，曾經擁有數千名員工，北京地區有四十三家分店，天津、河北、內蒙、山西、寧夏等有一百多家連鎖店，總營業面積近二十萬平方米，經營國內外二萬餘種商品的大型家電連鎖經營企業。一九九三年至二〇〇〇年大中電器連續被北京市工商局評爲「重合同，守信譽」單位，並獲得「百強企業」、「十佳私企」、「售後服務信得過單位」及「市級先進單位」等稱號，但到了二〇〇七年卻不得不把公司賣掉！爲什麼？因爲張大中一直沒有一個得力助手，身爲創辦人不得不事必躬親，非常疲憊，幹不下去了。

三十年前創業的時候只要把握關鍵因素，就可以「三道板斧打遍天下」或是靠「一招鮮吃遍天」，那時候強調的是集中火力的競爭優勢，但現在環境不同了，是個「系統競爭的時代」，實體經濟與虛擬經濟、線下網路與線上網路、硬實力與軟實力、有形資產與無形資產、國內市場與國際市場、物質獎勵與精神激勵等一系列錯綜複雜的元素都需要新一代企業家去整合和考量，沒有多方面能力根本不可能成功接班。

要求接班人十項全能不可能，而中小企業創業老闆又不肯出高價僱用專業經理人來幫忙；據我所知，許多中小企業即使要僱用專業人員，也只是願意找技術開發及可以立竿見影產生績效的「業務行銷」副總之類的，主要就是幫創業老闆打天下，至於公司其他管理制度建立、人力資源培訓開發等等都不願意付錢找外面專業經理人來協助。非得等到企業遇上燃眉之急，才不得不出高價找外面的「傭兵」（mercenary）當打手；所以如何適度運用專業經理人幫助接班人順利接班，進而開創新事業將是中小企業值得了解的題目。

中國大陸的資料顯示，專業經理人的誠信缺失在今天的中國還是一個嚴重的問題，讓企業老闆信不過專業經理人。報導中提到中國第一專業經理人「打工皇帝」唐駿還未從「學歷造假門」中恢復過來，而電器大廠「國美」又掀起「奪權門」。二〇一〇年五月國美電器大股東黃光裕因涉單位行賄、內幕交易、非法經營三罪鋃鐺入獄後，專業經理人CEO陳曉就展開「去黃化」鬥爭，使得國美進入「內鬥重於外鬥」，讓國美被競爭對手「蘇寧」超出了一大截。報導中提到大陸其他領域發生了專業經理人架空老闆，高管集體叛逃，企業資產被利益輸送等問題也層出不窮。這些都讓家族企業對外來專業經理人很難放下戒心。

台灣有關的書籍與報導對接班問題都過於簡化，以偏概全，例如企管叢書中的《企業接班人》一書中，歸納出「接班五力」，認為這是接班人的必備要件，一、個人魅力：形象具領袖氣質，二、知識力：學習更快更強，三、領導力：採行動式管理，四、創新力：傳統找新價值，五、應變力：把危機變轉機。書中所述還是過於理論掛帥，對接班人本身能力是否足夠暫且不談，對影響接班成敗的「接班五大面向」僅約略觸及接班人能力部分，對其他接班成敗關鍵要素連提都沒提，對實際接班幫助很有限。

這些對接班的報導與評論，可以幫助讀者對接班現狀與普遍看法有個概念，接下來的問題就是如何「即知」，以及如何「即行」了。

本書中先透過六個不同背景、不同狀況的個案討論，讓創業者與接班人可以由旁觀角度看看別人碰到什麼接班問題，如何面對，經過系列討論後再回來看自己。

3

企業接班個案一

乾綱獨斷

E 先生一個人創造了整個公司，擁有整個公司，

公司裡面所有的事情當初都是他一個人從無到有建立起來的，

公司成立到現在，他向來都是公司裡唯一的頂樑柱。

現在，公司營業額已經超過三億元新台幣……

個案討論是一種練習過程，讓每個關心接班的人可以先用別人的案例，站在跟自己沒有利害關係的角色上面充分發揮，透過相似卻不相同的角色學習討論，甚至爭辯。經過幾個不同個案的討論後，可以讓參與者回到自己公司的接班問題上時，有更廣闊的心態與見解來面對問題，也可以習慣把問題擺在檯面上來討論。

個案討論的目的本來就不是為了尋求「統一」的標準答案，而是透過互動過程來集思廣益，希望有助於讀者在看接班問題的時候，避免過度主觀，或是以偏概全，也希望幫助讀者把自己的思路、做法與可能造成的影響透過彼此討論後有更清楚的認識。

個案討論可以讓每個參與者都跟著個案中的主角「一起經歷」接班的狀況，將心比心來體會接班人與創業老闆所面對的環境，並學習不同狀況的處理；我相信這跟中小企業過去習慣「開會中無言以對，開會後意見多多」的習慣有顯著差異，所以個案討論得越劇烈，集思廣益的效果就會越好。

這種方式當然也會有副作用，可能讓大家的討論過於發散，找不到共識，這種現象也在預期之內，並無意外。因爲個案內容雖然是客觀陳述（objective description），但每個人的看法卻是主觀判斷（subjective judgment），每個人的主觀看法不同，本來就是很正常的現象；企業決策向來無標準答案可言，只要能夠把問題以及處理優先次序取得共識就已經非常難得，對於處理辦法就容每個人都有自己的揮灑空間吧。

最後提醒各位讀者，主持人是個案討論能否發揮效果的關鍵，主持人既要能夠鼓勵發言，又不能被參與者的發言帶離主題，因此讀者要自行討論個案的時候，務必推舉有經驗的人士來擔任主持人，以免未受其利（集思廣益），先蒙其害（爭論，堅持己見）。了解個案討論的特性後，我建議讀者（創業老闆、接班人、利害關係人）可以針對本章及後續六個不同個案、不同的接班背景進行自我研究，或三兩成群，或眾多討論都是很好的練習。

說明：個案中的創業者皆以E（entrepreneur）相稱，接班人都以S（son）先生或S小姐相稱，女婿則以SL（son-in-law）相稱。

討論參考——個案中的E先生（創業人）

- 中小企業老闆對接班人問題的處理經常都是「船到橋頭自然直」，以不變應萬變，這種方法對沛勇服飾現狀適用嗎？
- E先生（中小企業老闆）懷疑外面顧問與培訓課程對接班問題沒有什麼幫助，您是否也跟Ｅ先生看法相同？

●您認爲Ｅ先生最迫切的三個問題是什麼？有何對策？

●企業中股東人數衆多，人多嘴雜，難以決策，而「乾綱獨斷」的公司決策迅速卻又孤掌難鳴，取捨之間，如果您是Ｅ先生，如何安排？

●中小企業一般都不肯花錢做員工培訓，反正需要時再挖角就可，這對沛勇服飾未來發展是否會有影響？

●Ｅ先生想要培養「可以獨當一面的主管（或是接班人）」，您能夠爲他提出三年「選、訓、考、用」的培訓計畫嗎？

深度討論參考——（討論個案前，請先查詢相關資料）：合資（JV）與業務切割（spin off）涵義與做法

●如果有人跟您說，沛勇服飾應該考慮部分業務用合資方式（Joint Venture）找策略夥伴合作，這樣可以避免樣樣都自己來，如果您是Ｅ先生，對這個建議會有何想法？值得考慮嗎？

●如果有人建議E先生：⑴把公司部分業務切割（spin off）出來成爲獨立公司，另找總經理負責，⑵或跟別人合併，讓別人主導；自己只要掌控核心事業就好，您認爲可行嗎？

●在個案中，您認爲「專業經理人」或「專業傭兵」能夠扮演什麼樣的角色？

個案介紹

沛勇服飾

E先生所創設的自有品牌沛勇服飾近十年來穩定成長，已經在服飾業者中站穩「領頭羊」的地位，並在眾多消費者心中建立了高級品牌的定位；過去一帆風順的時候，業務雖然忙碌，工作地點跨歐亞（台灣、大陸）三地，但自己游刃有餘，做得很有幹勁，從不感覺累。

從二〇一一年開始，金融風暴後義大利生產基地附近的配合廠商開始面臨困境，E先生花很多時間與資金來處理，台灣有些品牌業績也因爲經濟不景氣而出現下滑現象，大陸有些新開設的分店銷售狀況不盡理想，E先生要各部門負責主管提出分析與對策，但他們所提出的看法E先生都不太滿意，最後還是得E先生自己面對與決定，這麼多問題同時要處理，他開始感覺分身乏術，甚至疲累。

E先生年過五十，最近也感覺年紀越來越大，而要做的事情越來越多，每天排得滿滿的，連一點私人空間都沒有。他開始考慮是不是應該培養接班人，或是培養可以獨當一面的主管來分攤工作，承先啓後，並把公司提升到更高的階段。因此他找上我們提供戰略諮詢，並提出必要的培訓計畫。

該公司的背景如以下所述。

個案背景

初次見面，我們好奇地問Ｅ先生，當初怎麼會走女性服飾這個行業呢？刻板印象中，這行業應該是女設計師主導的行業，不是嗎？

Ｅ先生搖搖頭避而不談當年創業情形，只是笑著說：「這年頭，『男人比鞋，女人比衣』，經濟好要穿出品味，景氣不好更要穿得亮麗，所以女人衣飾的市場比較不受景氣影響！何況美國第一夫人蜜雪兒的服裝設計師吳季剛不也是個男人嗎？男人才知道女人身材如何表現才能呈現最優雅、最迷人的啦！而且男人當裁縫才更體貼，你難道不知道台灣著名的胸罩公司都是男人開設的嗎？」

我們先隨意談了半個小時，Ｅ先生就要我們一起去附近的旗艦店看看，因爲當天晚上有新產品發表會，他得先去看看準備的情形。

路上邊走邊說，我們了解到公司現有部門主管多半是女性，多年來忠心耿耿，而且執行力特別強，只要他提重點，她們就可以執行得很好。E先生認爲女孩子心細，觀察敏銳，是從事服裝業務最好的執行人選；只是有時候對大方向會抓不準，對不同方案取捨會有些遲疑，偶爾還會發點小脾氣之類的，但他每隔一段時間跟主管談談說說，加上公平對待，倒也不難相處。沛勇服飾就是在E先生帶領這群娘子軍開疆闢土，在衣飾產業的紅海競爭中建立起自創品牌的領先地位。

等我們走到展示會場，本來笑容滿面的E先生馬上「翻臉如翻書」，立馬判若兩人，一張臉變得毫無笑意。一群忙碌吵雜的男男女女一看到E先生進來，瞬間肅靜，所有人馬上往牆邊站，眼睛注視著E先生，戒慎恐懼的表情溢於言表。

這情景讓我們聯想到電影《穿著Prada的惡魔》裡女主角安海瑟威面對老闆時的表情。

E先生從大門進去之後，馬不停蹄，步伐瞬間加快，我們趕忙加緊腳步跟他走遍每個角落，他到處都得看看，展示台的布置，詢問動線，還得到後面看化妝室裡面，看道具室，連男女模特兒臉上的妝都要一一看過，邊說邊問，嘴巴根本沒停過。

任何地方只要他一進去，所有動作馬上「停格」，瞬間不動，人人注視著他，等他講話；E先生每說一句話都有人勤做筆記，等我們走過後，現場瞬間又變成「快轉模式」，人人小跑步地馬上更改，滿臉緊張，天氣雖冷，但人人臉上都在冒汗。

整個視察過程中Ｅ先生唯一的稱讚是對負責道具的女同事講了一句「不錯，這有些創意。」那人馬上笑逐顏開，像中了樂透，讓人想到電影《新娘百分百》（*Notting Hill*）中茱莉亞羅伯茲在最後記者會中見到休格蘭回頭找她的那種表情，笑容燦爛，而其他人則是羨慕有之，忌妒更多。

這次彩排可讓我們大開眼界，原來公司裡面的員工這麼「怕」Ｅ先生！對Ｅ先生所講的話這麼在意！讓我們想起古代的皇帝，一呼百應的「一言堂」，看起來大事小事都得他點頭才算數。

我從來沒有看過時裝秀，第一次可以這麼近距離看模特兒臉上化妝，走台步，眞是賺到。過程中讓我們見識到什麼才叫做「盡善盡美，近乎苛求」（或是稱爲雞蛋裡挑骨頭？），Ｅ先生每樣事情都要求得很仔細，連哪個模特兒什麼時候該穿哪一件衣服，走位時臉的角度、表情要如何配合才能彰顯出服裝的特色，鉅細靡遺，連燈光、音樂的配合要求都非常精準。

今天的主角是一位已經躋身Ａ咖的混血模特兒，平常被媒體捧在天上，沒想到Ｅ先生對她也是毫不客氣地說東說西，要她改這個，做那個，還往返走展示台三、四次；

說也奇怪，模特兒也是必恭必敬，一次又一次地改變與重複走台、轉身、擺出笑容表情，臉上也沒有任何不耐煩，看來這位模特兒接這個工作的時候早就知道E先生的要求很高了。

對我們這些旁觀者而言，印象深刻的除了他的挑剔之外，還有他的專業功力。

E先生指點後的表現果然跟第一次試演有很大的不同；這讓我們對E先生在衣飾上面的知識能力、舞台展示經驗以及部屬對他的那種「對神一般敬畏」的態度，都留下非常深刻的印象。

巡視完畢，E先生跟我們到室外抽菸，他邊吐煙圈邊跟我們解釋：「這群人執行力都很強，很讓人放心，但就是創造力不夠，缺乏那種『大器』的感覺，都跟我這麼久了，還是不能讓人完全放心，我們就是缺乏獨當一面的人才啊……什麼事情都要我看過才行。」嘆了一口氣，兩分鐘前衆人眼中意氣風發的「神」，現在成了疲憊緊綳的「人」。

原來在「一言堂」公司裡面當個「乾綱獨斷」的老闆也不是這麼愉快的嘛！

我們約好下禮拜去公司訪談，多些了解，就告辭了。

奢華市場革命性改變

訪談之前，我們先蒐集了一些資料，了解一下奢華市場的走向。

二〇〇七年美國《財富》（*Fortune*）雜誌講得很深入，報導中對奢華市場未來走向有明確的看法，該雜誌在主題中指出：奢華市場已經不再侷限於金字塔的頂端，而是同時往奢華的最高端以及奢華的入門端發展，該報導用一個特殊的字來形容：「McLuxury」。前面的英文字 Mc 指的就是像 McDonald（麥當勞）一樣走大衆市場。

該報導中明確指出「奢侈品的平民化」（Luxury has been democratized），並倡導「平價奢華」的萌起。對所有的國際著名品牌廠商而言，現在所面臨的挑戰是：能否一方面把產品與通路延伸到新市場，卻又能維持自己過去高高在上的「經典品味」呢？

該報導引經據典，說明每家公司都看到這個新趨勢，各個摩拳擦掌，不斷推出各種新產品，還有公司用合資的方式推出「平價奢華」產品線，強調的都是「品味高雅，價格實惠」。

「平價奢華」雖然沒有「高價奢華」衣飾這麼盡善盡美，但在時尚追求與風格塑造方面也有獨特之處，對韓國、台灣、印度與中國等國家中產階級的吸引力與日俱增，因爲中產階級都喜歡（偶爾）那種穿上奢華衣飾後的尊榮感覺。

整體而言，不管是高調奢華或是平價奢華，甚至夾在兩者之間的不同層次，只要是奢華品味的衣飾都呈現迅速擴大的趨勢，只是競爭者也迅速增多，不但有國際大品牌，還有更多的個人工作室紛紛推出自己的時尚衣飾。

人人進來後，即使高級時尚衣服的毛利也遠不如前，因爲顧客漸漸體會到「時尚產品不一定都是高價的。」（Our guests have learned - and come to expect - that high fashion doesn't have to mean high prices.）因此即使是當季時尚的衣服，售價也無法訂得太高；如何長期走在時尚尖端卻又能夠將設計、生產、運銷成本控制得有競爭力，對所有時尚衣飾業者都是馬上要面對的挑戰。

通路方面，過去都是透過店面販售，近幾年來新的網路通路也快速興起。

過去奢華衣飾只透過裝潢華麗的專櫃與旗艦店販售，由帶著白手套的店員幫客戶解說與提供搭配的建議，現在卻有很多時尚產品也透過網路來販售。這種「無店面」的銷售通路更是一種革命性的改變；臉書（facebook）「社群行銷」以及意見領袖對「粉絲」的影響力日增，還有網路３Ｄ「虛擬試衣間」以及「ＤＩＹ衣飾搭配軟體」推出，這些新通路可以讓新競爭者用更低廉的成本、更新奇的通路方式以及量身訂做的感覺將服裝衣飾直接送到終端消費者手中，對傳統專櫃的廠商而言，現在還不會構成威脅，但未來會如何發展誰也不敢說。

對E先生來說，網路現在只適合當作與客戶溝通及促銷的媒介，不可能透過網路販賣高級品牌與奢華時尚的衣飾。

遠東市場成爲兵家必爭之地

二〇〇八年金融危機，歐洲、美國都深受其害，奢侈品市場也移轉到以「中國爲重心」，不但國際大品牌紛紛到中國大陸設分公司、子公司，或是與本地廠商合資搶據點，連大陸本土設計師以及高級品牌連鎖店也紛紛興起。時尚衣飾的進入障礙相對上比較低，時尚衣飾的行業不像製造業一樣需要大量的資本，加上消費者品味愈趨個性化、多元化，因此只要有賣點，或是使用高級材料，有獨特風格、色彩的製衣模版，加上能夠掌握代工廠就可以推出自己的品牌衣飾；這些自創品牌對沛勇服飾而言在品味與價格上面多少有些影響。

公司現況

沛勇服飾從設立時的三百萬元到現在資本一億元，都是E先生獨資，E先生這二十年來賺的錢也幾乎都投資到沛勇服飾裡面去了。

E先生幾年前就已經看到市場走向，從那時候開始把公司產品做了調整，除了原來的三高（高品味、高品質、高價位）的「頂級尊榮」系列服飾外，還推出新系列「低調奢華」衣飾，針對全球中產階級精英的品味與生活所需，強調三不五時「寵愛自己」，享受精緻生活。沛勇服飾對平價奢華系列的衣飾定價策略也採取彈性的做法，隨著地點、季節以及競爭者的策略做調整，這幾年來新系列衣飾的銷售也都能逐漸站穩腳步，進而穩健成長。

至於沛勇服飾原有的「頂級尊榮」系列產品走的路線還是以精緻、細膩與追求完美爲重點，堅持奢華品多年來的高級材料（很多材料甚至是獨占性），創新設計、品質苛求、特殊工藝、手工縫製、手工蕾絲邊等，細緻挑剔的完美更加吹毛求疵，價格上面也沒有任何調整。

E先生說：「時尚服飾質料與工藝的好壞只要是明眼人一穿就看出品質的差異，

這種差異並非『包裝』而來，而是眞正的精選質料、精細手工剪裁才能達到的。在頂級尊榮層級，價格不需要降低，我們很多系列產品都是『限量版』，這種高級品的稀有性與高貴感經常讓頂級客戶趨之若鶩。」

據了解，「頂級尊榮」衣飾的銷售量雖然不是非常大，但利潤一直很好，尤其是在維持高級品牌的形象以及拉開其他競爭者差距方面，遠比利潤還重要得多。

沛勇服飾十年前就在歐洲義大利設有自己的設計與生產中心，負責自己「頂級尊榮」衣飾的設計生產，這也是沛勇服飾歐洲總部，負責與國外著名品牌服飾廠聯絡，幫國際大廠設計與代工生產（OEM）衣飾與零配件，同時也作爲接洽歐洲知名品牌，爭取大中國區域代理權的根據地，E先生一年有三分之一時間在義大利。

直到現在，沛勇服飾的「頂級尊榮」系列衣飾全部都是在歐洲設計、配色、縫製後進口。至於「平價奢華」系列的衣飾則在台灣設有後段加工廠，主要布料、重要配件（蕾絲、鈕扣）與模版等都來自義大利與法國，再加上部分台灣所提供的高級色彩布料後，縫製爲成衣，主打「平價奢華」系列。

近幾年來「頂級尊榮」系列總體銷售數量還是有些下滑，但系列中下滑的銷售量都來自代理品牌的衣飾，自創品牌的銷售數量還是在穩定成長中；E先生認爲這得歸功於自己在「同系列中多品牌運用」以及「利用代理國際知名品牌的地位來拉抬自創品牌」的策略運作得宜所致。

雙系列、多品牌策略

沛勇服飾所擁有的兩大系列產品中，都是採取「多品牌」策略，每個系列衣飾中都有幾個不同風格、不同材料、不同色彩的知名品牌相互呼應；這些國際名牌有的是透過代理取得，有的是沛勇服飾的自我品牌，有的則是透過OEM代工，或是委外加工貼牌（re-label）取得，多種品牌交互運用。

E先生解釋說，這是爲了因應不同競爭條件，因此採取多品牌策略，除了具有東方風味的品牌之外，還有適合不同環境，推出不同的流行、材質與色彩的衣飾。既可兼顧「頂級尊榮」與「平價奢華」兩系列，而且連沛勇服飾所有自有品牌的名稱也都是使用「義大利或法國名字」，藉以彰顯自己產品的高貴品味。

對消費者選擇而言，多品牌似乎有些複雜，但對E先生而言，這卻是他們的競爭優勢之一，主要原因有：(1)可以藉歐洲知名品牌來拉高公司自創品牌的形象與定位。(2)

所有品牌的成本事實上都不相同，但定位一致，這樣可以運作的空間就很多了；例如年底促銷，或是通路策略都可以靈活運用搭配不同品牌的衣飾爲主打產品，這是其他單一品牌做不到的地方。⑶代工與自創品牌交互運用可以藉此掌握更好的時尚發展創意，培養更多的設計人才與提升縫製人員的工藝水平。

這種「雙系列」又是「多品牌」的運作方式所產生的優勢，是其他公司難以在短期內跟得上的，所以E先生認爲他們最大的競爭者應該不是別人，而是自己能否成長得夠快。

累積多年的品牌競爭力

針對雨後春筍，洶洶而來的新品牌競爭者，E先生倒是很「淡定」，他說：「品牌這個東西並不是完全靠價格來運作的，也不是只靠包裝或大量廣告就可以成功，品牌成功的關鍵是能不能在客戶心裡面產生一種特殊感覺，並且長時間維持那種獨特的『夢想性』（art of dream maintenance）。要能夠讓穿著你衣飾的人在出外或跟朋友見面的時候有那種興奮、滿足，甚至要因爲穿我們的衣服而有那種強烈的『自我感覺良好』出現！

這才是品牌的眞正涵義。」

E 先生在公司所有銷售點以及展示空間都大幅掛著義大利設計中心與生產部門的照片以及獲獎的宣傳報導，他說：「客戶不但要好的產品，還要知道產品背後的故事。」所以讓客戶知道沛勇服飾這兩種系列的所有產品都是來自義大利的原料與工藝，這種蘊藏在衣飾裡面的「高貴典雅的元素」是別家廠商很難競爭的地方。

他認爲，沛勇服飾保持未來競爭力的關鍵因素很多，例如設計風格、品味、掌握潮流等等都很重要，但最關鍵的有兩個：「品牌印象」及「精緻品質質感」。

E 先生認爲這幾個品牌都是經過二十年努力與消費者認同而建立的，只要穿上他們的衣服，不但自己的皮膚馬上感覺到明顯的差異，連外人也可一眼就看出自己服飾的獨特與舒服，這就是沛勇服飾在「品質」與「品牌」方面遠超過其他競爭者的地方。E 先生認爲這種「細緻品質質感」以及「品牌印象」所帶來的深層意義不是任何設計師或公司可以在五到十年內達到的。

此外，沛勇服飾的素材選擇方面，公司策略非常明確，完全採用環保、天然的頂級紡織品，例如：頂級棉紗、頂級蠶絲，以及頂級麻紗等等交互設計運用。

除此以外，E 先生自己認爲下列重點對公司中長期的競爭優勢是很重要的。

1整體成本降低：包括原料成本、庫存掌握、通路、管理成本都應該不斷降低以增加公司運作彈性。

2市場敏感度與回饋機制：要把市場變化與競爭者所推出衣飾的市場反應迅速回饋到總公司，總公司也需建立迅速應變的能力。

3成長地區的擴大：必須盡快擴大中國滲透率以及東南亞地區布局。

4人員培訓方面：必須有人可以外派，並獨當一面。

5建立公司體制：必須由現在的「人治」提升為「制度管理」。

公司現有通路與業務

沛勇公司的銷售通路全部都是透過百貨公司的專櫃，以及自設的旗艦店為主要銷售通路，台灣、大陸皆然。

台灣各地區的大型百貨公司現在都有沛勇服飾專櫃，並在台灣南北各設一個旗艦店（銷售人員稱此一據點為示範概念門市）。除了旗艦店同時展示兩個系列的衣飾以外，其他百貨公司的專櫃都是把「頂級尊榮」與「平價奢華」分開設立專櫃的，公司內部管理也是分開兩個事業部，不同裝潢，不同布置，分開管理，各有不同的人員，連平常的績效考核、獎金制度、人事升遷也都分開處理，直到財務報表合併時才一起計算。

中國大陸市場從五年前開始進入，現在已經有七個大城市設有沛勇服飾的專櫃。但因為大陸顧客對沛勇服飾品牌的認知程度還沒有成熟，所以販售衣飾也是選擇性販售，有些店只出售「平價奢華」的衣飾，只有北京與上海出售「頂級尊榮」系列的衣飾；還有一個二線城市專門販售公司「過季衣飾」或是零碼衣飾。

這些不同城市專櫃的店長都是台灣的外派人員，其他店員則是當地招募。外派人員的挑選與培訓都是由E先生親自主持，但各地銷售人員的訓練則由店長自己訓練，因為大陸人員流動率高，所以人員培訓多少也是個麻煩事。還好店長都是在公司歷練過五到七年的老手，所以訓練當地銷售人員、績效考核、激勵員工等等還可以處理得宜。到現在為止，大陸人員的培訓還沒有制度化，至於專櫃管理的「標準作業手冊」（SOP）已經研擬了兩三年，因為E先生沒有時間看它，所以還沒有定案。

大陸業績總合還是小於台灣總業績，但大都市的專櫃成長率卻已經高於台灣專櫃，E先生認為公司未來成長當然是在中國大陸，也想在大陸各地積極擴展分店，但店長培訓、資金需求，以及品牌搭配選擇等等都需要時間與資源，以E先生獨資經營，加上個人時間有限，實在無法應付成長所需。

Ｅ先生告訴我們，他們不做廣告，都是口語相傳以及透過各種活動來「沾黏」客戶，他很驕傲地告訴我們，一旦客戶穿上他們的衣飾，必然愛不釋手，出席宴會也是亮點所在，所以這些客戶就是該公司最好的代言人，也是公司衣飾的活動招牌。

用這種方式拓展市場在公司剛創立的時候很辛苦，但經過二十年後，已經建立很好的口碑與忠實粉絲群，這也是新競爭者難以抗衡的障礙門檻（entry barrier）。

公司旗艦店每年一次降價促銷，加上配合各百貨公司週年慶促銷活動等等，都是該公司重要的銷售活動，這種促銷業績有時候可以占到全年業績三分之一到一半。

此外，公司這二十年來已經在台灣掌握超過兩萬名「金字塔頂端」的客戶群，平日透過公司自己發行的刊物聯繫這些客戶，同時作爲新產品推廣媒體；每年則邀請「頂級尊榮」客戶舉辦私密派對，活動中完全不推銷任何產品，而是介紹歐美時裝潮流、名人風格、生活品味等等，據參加過的人表示活動非常頂級精緻，受邀的品牌粉絲也都很高興。

領導風格

訪談中我們深刻感覺到Ｅ先生典型的創業者風格：抓重點、反應迅速、精打細算、能幹、精力充沛，可以同時做好幾樣事情。

因爲公司是他獨資，個人資源有限，也負擔不起太大的風險，所以對錢的使用非常敏感。對他沒有把握的事情，絕對不出手，他認爲這是典型創業家的必備性格之一：「觀察」、「忍耐」，即使機會來臨也得步步爲營，漸進而不躁進。

他說任何投資都得能夠賺錢才做，因爲投資是將本求利，能夠回收的投入才叫「成本」，不然都是丟到水裡面的「費用」。他認爲公司過去二十年來的「投資」都是根據這項原則來進行的。

我們問他：「這樣會不會過於保守而失去許多成長以及跟別人合作的機會？」Ｅ先生點點頭說：「沒辦法呀，我資本有限，只能將本求利，不能冒太大風險。」

八卦報導

此外，E 先生自己穿著行爲都很有品味，但全身上下卻看不到「名牌」的標誌，只用簡簡單單的搭配就明顯的透露出特殊高格調的品味。

前幾天在《三聯生活週刊》上面看到訪問明星郎朗的文章，雜誌先描述郎朗的裝束：「黑色的 Prada 鞋子，Gucci 的褲子，Armani 的襯衫，D&G 的腰帶。郎朗說到這種裝束時一臉自豪。」對此 E 先生的評語只有一個字：「俗！」他說如果他在場的話，一定會對這種把大牌一古腦兒穿上身的人說聲：「土包子」。

用人與激勵

公司產品定位與定價都跟國外頂級衣飾不相上下，公司品牌在消費者心中也是世界高級的品牌，但公司所提供的薪水卻僅比一般中小企業的薪水高一五％左右，跟國際品牌所僱用的員工薪資差了一大截。

對薪資以及激勵這方面，E 先生有自己的一套。他說：「我喜歡僱用大學或專科剛畢業的學生，可塑性高，而且薪水要求低，只要有學習機會他們就不會計較待遇高低。我這裡有他們學不完的東西，所以每個人都很高興，哪裡找得到像我們這樣『處處都是學習』的公司呢？

「就拿剛進公司的人來說吧，專櫃賣場的現場布置，東西擺放，庫存管理，來櫃參觀的客人應對，如何讓客人體認不同品牌、品味，對價位、價值的認同，這都是學習的地方。

「對中級人員來說，誰家公司會有這麼成功的兩個品牌系列呢？既可接觸到『頂級尊榮』又可知道什麼是『平價奢華』，還有公司月刊的編輯，跟頂級客戶互動，光是跟這些金字塔頂端的客戶應對進退就有很多學習的地方。

「對資深員工而言，公司裡面對多品牌的通路管理、產品經理、時尚的把握、競爭對手資料的收集分析，以及成本定價策略、年度促銷組合安排等等都是成長與學習的機會，還有許多外派到大陸當店長，跟海外代工客戶討論未來走向的機會，這種成就與學習是其他在台灣的國際品牌員工無法接觸到的。

「還有，每年我都會選擇表現最好的兩、三個同仁跟著我前往參加歐洲及日本的紡織與衣飾博覽會，跟客戶的所有交談都讓他們跟在身邊，邊解釋邊學習，這種親身學習，師傅帶徒弟的指導方式，更是公司獨特的學習（福利）。」

Ｅ先生很自豪地告訴我們，沛勇服飾出去的人員在其他公司都可以加薪晉級。即使如此，公司的流動率還是比其他業者低得多，絕大部分的主管都是年資五到十年，連超過十年的也比比皆是。

總體來說，Ｅ先生的用人策略是：「一個人得能夠做三、四個人的事情，然後給他多於一人份的薪水，這樣彼此都很划算。」果然是個精打細算的創業家。

公司決策

Ｅ先生一個人創造了整個公司，擁有整個公司，公司裡面所有的事情當初都是他一個人從無到有建立起來的，公司成立到現在，他向來都是公司裡唯一的頂樑柱。現在，公司營業額已經超過三億元新台幣，但所有新產品的定位、方向以及採用的材質、色系，甚至配件、鈕扣等等，都還是得由他拍板後才能最後定案。

他每年要花很多的時間去拜訪代工客戶，拜訪合作廠商，跟不同的業者交換時尚看法與衣飾、色彩走向，還要到全世界參加各種紡織業相關的設計展覽，去世界著名的各大百貨公司專櫃欣賞國際品牌新衣飾的風格、價位，店裡的新布置，以及銷售人員的應對訓練。

E 先生說，這個行業對於潮流與競爭者的走向要掌握得好，必須不斷吸收新知識，不斷蒐集競爭者的動向，這是自有品牌公司最重要的「掌舵手」的工作；他樂在其中，所以非常喜歡自己的工作。

只是公司越大，越覺得時間不夠用，一天只有二十四小時可用是他最大的無奈。

產業環境劇烈變動

我們訪談時正逢中國大陸頒布「禁奢令」半年左右，頒布初期大家還都在觀望，到了二〇一三年第一季，很多國際名牌都已經放緩在大陸的展店步伐。

公司現在主要的成長都是靠大陸，這種產業變動是公司過去沒有經歷過的。E 先生創業這麼多年來雖然篳路藍縷但是都是隨著市場成長而逐步成長，從來沒有碰到類似突如其來的「產業大變動」。

據 E 先生描述，禁奢令一下，持續發威，送禮風氣遭受強烈衝擊，很多檯面人物、意見領袖等都不敢穿著奢華服飾，以免影響形象；同時間奢侈品大廠受到業績影響，紛紛暫停大陸展店計畫。

據報導連全球奢侈品風向標LV都對外宣稱，將全面抑制擴張，為保持高端形象，不會在大陸二、三線城市繼續開店。這對沛勇公司的「頂級尊榮」系列是直接衝擊，連「平價奢華」產品售價與業績也出現下滑。

與此同時，包括PPR、歷峰（Richemont）等大型奢侈品集團都已經公開表示將減少在大陸增開的店鋪數。這意味，國際奢侈品進軍中國市場多年來，首次集體放緩展店布局。

根據E先生分析，大陸奢侈品市場已經細分三大類：民眾自用、禮品團購和政府官員高端消費三大類；中國政府的禁奢令直接打壓後兩種；而消費者自用部分又都是以「物美價廉」為主，時尚與奢華並非最重要因素。還有很多人自用服飾方面喜歡買價格少四成以上的過季服飾，而大陸廠商仿冒很普遍，只要新服飾一推出，兩個月內傳統市場、大賣場就出現類似設計的服飾，這使得沛勇服飾的「平價奢華」系列也受到價格的直接衝擊，從二〇一二年開始出現明顯的銷售價量雙下滑的現象。

我們請教E先生：「大陸這種產業的變動是否只是習近平與李克強一種新官上任

三把火的『作秀』？一兩年內就會逐漸衰退呢？」

Ｅ先生有些擔心，他說：「大陸政策環境似乎已經有了本質的變動，反腐力道去年開始就不斷加大；聽說接下來大陸財政部還會頒布更為嚴苛的『奢侈品關稅政策』，即使是新官上任三把火，但這都是『法令的改變』，影響力非常長久；對本地服飾公司有利，對沛勇服飾這種『進口』高級服飾品牌會有很大的威脅。」

Ｅ先生最苦惱的是在公司裡面沒有任何人可以跟他討論，所有員工過去都已經很習慣完全聽Ｅ先生的決定，而Ｅ先生面對這種變動自己也不知道該如何面對，在公司裡又得跟過去一樣表現出「成竹在胸」的自信，不然會軍心動搖；這種單獨默默承受的壓力讓Ｅ先生好幾天都睡不著，這是Ｅ先生第一次感覺到困惑、茫然，香菸越抽越多，心裡的焦慮卻越來越難忍受。

Ｅ先生告訴我們，其實對培養接班人的念頭很早就有，但都是動心、啓念之後就暫放一旁，從來沒有眞正認眞過；這次這種睡不著、無人可討論的焦慮感讓他對助手兼接班人的尋找與培養有了更積極的動機；再不做連自己都無法承擔了！

接班人的期望

針對Ｅ先生所委託的「培養接班人」，我們請教他自己，哪種人才夠條件成為「接班候選人」？

Ｅ先生邊抽菸邊說：「我也不知道什麼樣的人才合適耶，我們這行業需要對紡織品有敏銳的感覺，又得對棉花、蠶絲大宗物質起伏有概念。自己不但要有品味，還要能抓得到時尚走向，外語要好到能夠跟歐美業界人士討論未來趨勢，跟客戶討論產品設計，鉅細靡遺，對品質完美的要求必須是一種本能，如果有些天份或是從小耳濡目染的話或許比較合適吧？至於接班人，總得先獨當一面之後才能進而輔導接班吧？這年頭『生意仔』也不是後天可以訓練得來。基本上來說，就是找一個年輕時代的我吧！」

「是否考慮從內部培養與提升接班人呢？」我們繼續追問。

Ｅ先生搖搖頭，他說：「我們這些同事執行力當然是一級棒，但都無法獨當一面，也無法達到我剛剛所提到的（對接班人）要求，她們很好，但潛力有限，看來看去還是只能向外找接班人。」

我們又提出一種看法：「您是否曾經考慮過業務切割？把一些非核心事業獨立出來

運作，公司本身只保留最重要的核心事業，這樣做是否比較容易找到接班人？」

Ｅ先生沉默了好一會，回答說：「切割理論上也可考慮，只是我從來沒有想過這種安排。不過公司現在幅寬很廣，產品線也多，品牌也好幾種，加上歐洲、大陸、台灣都有據點，該如何切割？又要怎麼切割才能劃分清楚？這恐怕也是個大難題哩。」

資金方面

公司近兩年雖然業績有些下滑，但上門要求合作的廠商還是絡繹不絕，尤其是東南亞地區、歐洲地區幾乎每個月都有人上門談代理、合資或是其他形式的合作，也有人看上沛勇服飾的「金字塔頂端」客戶群，想針對這個市場共同開發其他頂級產品，但因爲Ｅ先生分身乏術，應接不暇，乾脆一概不談。

Ｅ先生自己也知道，公司要繼續成長，資金需求是一大挑戰，而他又不願意跟銀行借錢，所以只能找人投資。對此Ｅ先生也有他的顧慮，他怕外面投資者進入後會影響到自己在公司裡面的決策。

Ｅ先生跟我們談起，他曾經接觸過外面投資者，但該投資者要求進行「核實調查」

（due diligence），要對公司過去三年的帳簿進行核實，針對這點也讓E先生感覺不舒服。他說：「公司股權都是我自己的，只要合稅法，我怎麼用錢都可以，過去二十年我都沒有領過薪水，這又怎麼算呢？庫存列的是成本，但市價計算的話另當別論，還有公司品牌的價值該如何計算呢？爲了外面投資者的要求，要我重新擬定會計處理原則，重新整理帳簿，重新準備報表，太累了。」所以找外面投資的事情就不了了之，直到現在還是沒有具體想法。

訪談過後，我們特地前往E先生所提到的這家投資公司，請教他們爲何雙方沒有合作？

該投資公司人員說：「E先生是很成功的創業者，但經過深度互動與了解後，我們認爲他只需要別人出錢，不想要別人出力或出主意。以沛勇服飾現況及內部管理制度而言，還沒有達到獨立運作就可以順利上市的程度，而且E先生也不願意釋出董事席位，這對我們專業投資公司而言都是無法配合的地方。既然雙方談不攏，我們就沒有投資。據我們所知，E先生寧願靠自己賺錢來擴充也不願意失去他現在『一言堂』的管理模式，所以雙方短期內沒有合作的機會。」

會談中該投資人員私下跟我們分享他的一些觀察，他說：「E先生表面上很客氣，但實質上非常有主見，公司裡面也沒有人敢跟他唱反調。我們曾經提過一些建議，但Ｅ先生回答說：『過去我都是這樣做，公司才能夠連續成功了二十年；你們憑什麼要我現在改變呢？』所以我們談不下去。

「據我觀察，中小企業創業者都是這樣，對本業精明能幹，機會一來都能確實掌握，但對自己的長期威脅卻是『知而不言，言而不行』，有些人甚至是『避而不談』，反正在公司裡面也沒人敢說不同意見，自己活得高興就好。

「公司過去成長只要Ｅ先生一個人就可以照顧得來，當然沒有問題，但公司越大，人越多，事情越雜就會越難管理，依照沛勇服飾這種擴充的速度，以及奢華衣飾產業的競爭環境變化，我們估計Ｅ先生不到三年就會無法繼續他那種『乾綱獨斷』的管理方式，到時候不要說接班人培養，連本業都難以照顧！等到不得不改變才動作的時候，可能就得傷筋動骨了。

「中小企業這樣的公司太多了，雖然有點可惜，也莫奈何，是吧？」

4
企業接班個案二
純正血統

送接班人出國留學，

是台灣企業創業者對培養接班人的一般做法。

接班人 S 君接班後，

在公司的經營管理上所面對的並非單純的公司管理，照章行事，

經常得顧慮到家族輩分以及彼此親疏關係，

加上三不五時還得面對家族人情包袱與利益衝突。

「純正血統」的解釋：一般家族企業的主管多半由創業者自己家族人擔任，但還是會有些重要職位是由外面招募的專業經理人擔任，但「純正血統」個案中「絕大部分的」關鍵主管都是由創業者自己親人所擔任，並無任何專業經理人擔任重要職位。如果從人才招募與培養角度來看的話，這也是一種「近親繁殖」的家族企業，主要管理團隊都是由家族自己人來擔任，無法吸引專業經理人加入。

討論參考——接班人S君角度

- 您認爲個案中的接班人（新董事長）S君在接班（前）後，最重要的三個事項爲何？
- 個案中的接班人S君對原來家族成員的團隊應該如何處理，才能取得全盤控制權？
- 您認爲個案中的接班人S君犯了什麼錯誤？如果是您的話，有哪些做爲會截然不同？請舉最重要的三項，以及理由。
- 個案中的接班人S君雖然建立了「管理制度」，卻沒人實施，如果您是接班人S

君的話，對管理制度的建立先決條件與後天環境要求會是什麼？

●「內部或外部」人員招募與培訓在此個案中並沒有被提起，如果您是接班人Ｓ君（或是Ｅ董）的話，對此有何看法？

●如果時間可以倒流，在蓉盈燈具的「接班安排」上從頭來過的話，您會提出什麼樣的「整體措施與配套安排」，以協助順利接班，並提高公司整體績效？

討論參考——Ｅ董角度

●您認爲個案中的Ｅ董應該如何決定（並培訓）「接班人Ｓ君的資格」？

●如果您是個案中的Ｅ董的話，對退休家族成員的「回任」處理方式跟個案中的Ｅ董是否相同？原因爲何？

●您認爲個案中的Ｅ董在公司管理、永續經營權掌握，以及公平等構面上應該在交班前做哪些預防措施（打預防針），對順利接班最有利？或是該不該預先把公司經營權與財產權的歸屬做些「分家」的安排？

討論問題——共同課題

- 個案中家族成員並未結合資本市場或是引進外力來進行權力爭奪，對此您有何看法或抵制（或鼓勵）措施？
- 個案中的第二代家族成員（同父異母之兄弟姊妹，或是不同房次的堂兄弟姊妹）並未進行白熱化的爭產，但在一般家族企業中卻是非常普遍的現象，對此您認爲應該採取哪些預防措施，以免E董辭世後大家爭奪財產權造成公司難以順利交班？
- 建立管理制度好處在於建立SOP，把作業程序、規定、規則、規範標準化，可以減少學習成本，也避免因人設事的困擾，但建立公司一體適用的管理制度後，有時會使原本靈活決策的企業組織顯得僵化。但本個案中這些卻形同具文，對此您有何建議？
- 以接班人S君、創業者E董，或是專業經理人的角度來看，專業經理人在此個案中能夠扮演的角色與發揮的作用何在？

個案介紹

蓉盈燈具

蓉盈燈具的接班人Ｓ君找我們求助，他認爲如果現有狀況繼續下去的話，他根本不可能當實際的董事長，會成了永遠的「兒皇帝」，而父親也會「垂簾聽政」一直到辭世爲止，什麼創新事項都不可能做。

現在的環境不同以往，大陸工廠問題必須在期限內解決，業務必須突破代工，關係企業的投資以及新事業開發都必須進行，這些都需要新人才加入，但人才管道如何疏通，以及大環境變化快速，接班人Ｓ君擔心會時不我與，如果不採取行動的話，蓉盈燈具公司的未來非常讓人憂慮……但接班人Ｓ君在公司內並無「說了算」的影響力。

該如何協助個案中的接班人Ｓ君順利接班，成爲眞正決策者與經營者，這課題已經丟給我們了！

該公司的背景如以下所述。

個案背景

本個案蓉盈燈具是一家以生產燈具爲主要業務的傳統製造業，創立於三十年前，是由E董事長（創業者）與兄弟姊妹四人加上妻子爲發起人與原始股東共同設立，在歷經三十年發展與資本擴張後，目前股東人數增加到三十人，但這三十人同爲原始股東的子女或擁有姻親關係成員及第三代成員，因此公司雖爲股份有限公司型態，但財產權與經營權完全掌握在同一家族手中，同時全部股東皆爲自然人，沒有外部股東，也沒有投資公司之類的機構股東。

公司設立後，一直是以E董爲主的家族及姻親等，來進行組織分工的運作模式。公司是一個財產權與經營權完全重疊的家族企業。

蓉盈燈具爲台灣地區燈具的主要生產廠商，除使用傳統燈泡的燈具以外，並投資LED燈心工廠，取得LED貨源後加工製造成爲傳統燈具及新式樣的LED燈具。公司所有燈具的塑膠外殼以及印刷等加工皆爲自製，最後組裝爲成品燈具販售，主要業務是爲國內外品牌廠商做OEM代工，尙無自有品牌或海外分公司的設立。

公司現有資本額新台幣一億元，年產燈具超過二十萬個，年營業額約新台幣二億元，員工九十人，位於中部某地，工廠取得UL認證，以及ISO 9002認證。生產機具設備方面，在射出成型部門擁有十二台射出成型機台、高周波機、塑膠印刷機等數台。在模具製造部門有一班加工廠需要的車床、鑽床、研磨機、銑床、清潔機具以及表面處理等機具，而且內部管理透過管理顧問協助，已經大部分都電腦化，但因爲管理團隊對新雲端等運用還有疑慮，因此並未導入。

銷售上都是透過通路商，自己並未設立分公司。

製造上除了台灣母公司以外，十年前已經到中國大陸南部城市設立工廠，現在加工層次多的在台灣製造，加工比較簡單的在大陸製造。但因爲大部分產品都是OEM生產，設計全部都在台灣處理，大陸爲純粹工廠。

傳統燈具除了外形之外，燈泡本身並無太大改變，但近年來LED燈泡興起，雖經歷多次技術改良，但LED的核心技術仍然掌握在國外，而且燈具的流行與設計還是得靠國外客戶提供與指導。

蓉盈燈具的外殼生產製造過程開始於購買各種塑膠粒原料，經塑膠射出成型機加熱溶化後加壓注入模具中，等塑膠冷卻成型後即可脫模再做表面處理。塑膠射出與塑膠原料供應商關係的掌握，不同規格的模具開發能力以及精密程度爲蓉盈燈具重要的生產要素。蓉盈燈具自創業開始便擁有自己的開模部門，因應客戶所需要的燈具外形種類與不同功能設計。目前蓉盈燈具所擁有的模具種類約有上百種，主要客戶包含了台灣和日本的主要照明設備與裝飾燈具公司及進口商。

公司創業之初，基本的作業分工由E董（在家排行老二）與其三弟共同分擔內外不同業務。E董負責蓉盈燈具的外部業務、生產關鍵技術來源取得、上游原料取得以及OEM銷售，而其三弟負責內部生產管理事務以及模具開發維護等。

當蓉盈燈具的生產技術與業務逐步擴充後，陸續找了家族成員來出任主管職位，包括大哥，以及兄弟的子女、配偶都陸續加入，分別掌管各個部門。

接班人S君是E董的長子，E董在接班計畫中將接班人S君送出國留學，E董對於接班人S君的培育也是不遺餘力，因此接班人S君中學就被送出國當小留學生，除了學習外語以外，也希望在客戶所在國家中爲蓉盈燈具建立新的社會網絡與人際關係，以助於日後國際布局；這也是台灣企業創業者對培養接班人的一般做法。

接班人S君回國後，隨即被安排在其他轉投資企業中任職歷練。三年前才回到公司擔任副董事長一職，接班人S君回公司一年後，E董即卸下董事長的職位交接給接班人S君，此時接班人S君開始掌有蓉盈燈具的法定經營權。

退休人員回任顧問

當接班人回到蓉盈燈具任職之時，第一代與第二代的家族成員在公司任職已經多達十數名，而且大部分成員在家族中的輩分與資歷皆長於接班人S君。因此S君接班後在公司的經營管理上所面對的並非單純的公司管理，照章行事，經常得顧慮到家族輩分以及彼此親疏關係，加上三不五時還得面對家族人情包袱與利益衝突。

接班人S君雖有心建立公司制度與作業準則，打破人情包袱，但不斷引起家族成員的雜音與反彈，很多家族成員都在背後批評接班人S君作風冷酷無情，對S君的決定也有許多消極抵抗，甚至成爲檯面上的衝突。

最顯著的衝突事件發生於E董爲照顧家族人員而允許部分已退休人員回任顧問職位，每月領些車馬費與生活津貼，有些人還官復原職，領全額薪水；但接班人S君認爲這些退休人員既然已經請領退休金，就不應再回任，而且領車馬費的人更有「肥貓」嫌疑，對其他員工不公平，因此全部予以解職。然而這些退休後回任的人員主要都是家族中的長輩，此一事件引起家族糾紛，更讓退休回鍋人員以及退休人員子侄輩對接班人S君的不滿升高，表面上對於接班人雖表示聽從，但實際上無信任感，並且或有或無在公司事務上面消極抵抗，甚至藉機公開唱反調。

對此，E董也有許多委屈要說，他認爲三十年前多數家族成員都是在中學畢業後便進入蓉盈燈具任職，畢生都奉獻給公司了，彼此有深厚的情感，加上年紀大的家族成員退休之後並無其他技能，雖然年齡已經屆退，但都還是一尾活龍，加上累積的實務經驗很多，所以E董基於感情上照顧大家以及實際上人盡其才的心態，才允許這些資深的家族成員退休後以顧問方式回任蓉盈燈具，並擔任原職務。這本來也是幫助接班人S君接班順利的做法，沒想到兒子並不領情，還惹來大家滿肚子怨氣。

但S君接任之初對此安排很不以爲然，認爲E董自己破壞制度，但接班人自己又沒有進行完整的溝通，就貿然把這些回任的資深家族成員一概解任，此舉引起了這些人的極度不滿，甚至一度揚言要上法院討公道。最後還是勞駕E董親自出面安撫，分別給予某些不知數目的金錢補償和解了事。

公司會議等同家族會議

另外，S君雖然成爲公司領導者，在公司決定方面有最高決定權，但在家族會議中卻還是晚輩身分，面對衆多長輩，自己並無E董當初一言九鼎的地位。事實上家族會議還是以E董爲首。

任何公司的重大決定都會影響到經營團隊以及股東權益，而蓉盈燈具的主要團隊以及股東都是家族成員，因此公司重大決定幾乎都不是在公司會議中決定，而是在家族會議中大家討論與決定。有時候S君在公司會議上已經做了裁決，大家礙於接班人在公司是董事長的身分沒有表示任何異議；但事情並未就此結束，等家族會議時還是會有人舊案重提，衆口紛紜之下有些事情甚至推翻了當初在公司會議中（新）董事長的決議。

接班人S君經常會面臨這種衝突，久而久之，S君在公司決策的時候往往必須先稟明E董，並由E董召開家族會議討論後才交給接班人S君執行。這種現象在接班人S君最初當上董事長時候最爲明顯，對此S君深刻地表示非常無奈。

公司重大決策固然如此，甚至連例行業務的決定也是雜音不斷。公司經營會議中對業務方向、定價策略，甚至品質管制、售後服務等項目，當不同單位有不同立場與意見的時候，家族成員就會透過不同的管道到E董面前告狀或哭訴。因此很多公司部門之間的衝突或是立場不同的爭議，都會回到E董身上來做最後的仲裁與決策。

E董雖然已經退休，但蓉盈燈具的經營決策最終還是以他說了算。這事件不僅讓

E董陷入情義難兩全的困境，也讓接班人S君難以做爲，因爲公司組織架構中家族成員皆擔任蓉盈燈具重要管理職務，退休後又回任相同職位，所有高階管理職位都被家族成員占滿，每次招募主要幹部，所有條件都談好了，但新人一知道公司主管都是自家人後幾乎都不願上任。因爲欠缺升遷誘因，難以吸引外部擁有經營管理、製造技術的專業人才，因此蓉盈燈具之經營管理方式仍依循著以E董爲首的家族式管理，近三十年來並未有太多的變化與進步。

此外，在對外關係上，接班人S君對於生產技術與業務技巧的掌握也不如其他資深家族成員來得熟悉，對於上游供應商與下游客戶及其他協力廠商的重視程度也沒有特別突出，因此董事長換人的三年來，接班人S君基本上只能做到「蕭規曹隨」，不但難以開展，連舊事情的處理都顯著的不如E董當董事長的時候明快。

E董有時候也會怨嘆說接班人S君怎麼是個扶不起的阿斗，接班超過三年了還不能擺平公司內部人員與家族的怨氣，尤其是近半年來，不少家族成員還屢屢建議，希望E董能夠重新回鍋擔任董事長，這類的雜音讓接班人S君與E董都非常煩惱，不知如何是好，因此找我們提供分析協助與必要的諮詢，進而希望我們參與解決該公司的接班困擾。

此外公司主要生產基地還有大陸工廠，當初是E董的三弟與其長子（也就是接班人S君的三叔與大堂兄）一起去開創的，兩年前接班人S君的三叔年紀比較大，身體不好，所以回台灣後把大陸交由大堂兄單獨負責，而台灣工廠一直是由三叔的二兒子（也就是接班人S君的二堂兄）負責，兄弟兩人從小就個性不合，爭吵不斷。過去兄弟兩人這種爭執因爲父親（S君的三叔）還在公司負責所有的生產事務，加上E董在公司業務以及家族會議上都是一言九鼎，所以衝突還不至於表面化，但等S君三年前接任董事長後三叔就退休了，三叔兩個小孩分別管理的工廠彼此在搶單，轉移成本以及產品分工配合所發生的衝突越來越大，已明顯影響到對客戶的生產配合與出貨品質等等。

雪上加霜的是六個月前接到大陸當局的紅頭文件，明確要求燈具公司在大陸的工廠在未來兩年內必須遷往內地省份，否則就得關廠。大陸工廠角色與未來安排何去何從？S君的兩位堂兄爭執不已，表面上把問題丟給接班人S君處理，但私下卻是耳語不斷，各有小動作與打算，這個問題也讓接班人S君不知如何處理，莫可奈何。S君與E董也希望我們對這個搬廠或關廠有關的問題提供建議與輔導，此事雖爲S君必須處理的人與事，但與接班本身並無直接關聯。

近幾年來因爲競爭者抄襲以及低價競爭，加上大陸近兩年來基本工資與其他配合事項要求越來越高，而燈具銷售價格並未上升，因此蓉盈燈具在財務報表上面的績效表現出現逐年緩慢下滑的情形，對此Ｅ董與家族成員雖然不高興接班人Ｓ君的表現，卻也沒有什麼對策。

社會關係

蓉盈燈具爲一個家族型態的企業，其主要的協力廠商多爲周圍縣市的家庭式工業社，彼此多年來形成關係緊密的製造網絡，配合生產過程中即時所需之半成品與料件，成就蓉盈燈具三十年業績成長。公司自創設以來在不同成長階段，Ｅ董除了本業擴充以外，還積極拓展社會網絡與人際關係，除了參與許多上下游公司的認股以外，還參與異業結盟以及對外投資，來擴張事業版圖。

接班人Ｓ君認爲這些網絡關係除了上下游投資以外，其他轉投資與社會關係對蓉盈燈具核心業務並無實質關係，遑論幫助，加上公司內部家族成員問題一直擺不平，分身乏術，有心無力，因此對Ｅ董當初建立的社會關係維護與趣缺缺。

但Ｅ董卻有不同想法，他認爲燈具市場只做ＯＥＭ終究不是辦法，因爲變遷與產業環境的改變會讓蓉盈燈具越來越難面對大陸及越南工廠的低價競爭，公司遲早得轉投資其他事業，所以越早進行越好，得積極布局才是正確的方向。參與這些社會關係才能有更多的訊息，也才能夠知道別人的做法，互相學習，總比自己關起門來做得好，因此對接班人 S 君參與社會關係的活動表現得興趣缺缺很不以爲然。

模具內製或外購的爭執

蓉盈燈具是個典型的傳統製造公司，雖然有不同的產品設計，但基本功夫的模具研發製造，以及燈具的生產技術，自創業以來並無太大的改變。燈具外殼的多樣性與多種組合是製造廠商所需面對的複雜因素。有時候除了燈具本身之外，上面還有不同零配件需要不同模具與標示。蓉盈燈具創業之始，所需之模具皆自行開發與加工，而後演變成具有模具專業製造、開發與加工的核心能力。

在家族成員的分工上，模具部門長期以來由同爲家族第二代之公司成員負責，但第二代家族成員彼此之間因爲沒有當初 E 董與兄弟之間的胼手胝足所建立的相互信賴感，加上年輕一代彼此競爭的心態，因此增加許多溝通成本，例如兩地生產的分工配合以及產銷配合各有不同立場，公事上的溝通往往受到當事者彼此間的情緒影響，導致近年來許多模具的開模與加工甚至不如委外製造商的配合度高，而品質交期方面，自己的模具廠有時候還不如外包模具廠商做得好；因此蓉盈燈具在模具的內製或是外購方面，以及相關技術的取得和移轉給加工廠方面，不斷產生內部爭執，該如何處理，接班人S君也是感覺非常頭大。

轉投資還是專注本業？

此外，接班人S君過去三年來，也曾試圖從事多項改變，包括生產上的多角化，開發不同的塑膠產品，業務上嘗試著建立自己品牌，走出傳統OEM代工型態，以及進行多角化投資不同的新創公司，和在股票市場進行財務投資，但這幾個新事業項目在家族成員中並沒有得到大家認可，所以沒有其他成員願意負責新事業或是轉投資，而接班人S君在國外曾經透過關係在投信公司打工，因此也名正言順地由自己負責。前年底金融風暴下，其他多角化製造以及轉投資都出現虧損並由蓉盈燈具提列呆帳打消，此舉引發了家族成員的議論與不滿。連E董也認爲接班人S君喜歡悶著頭自己搞自己的，在訪談過程中頗有微詞。

但S君有自己的想法，他之所以要進行本業外的轉投資，以及股票市場投資，除了資金避險外，也希望可以藉此接觸到資本市場的運作，以爲日後公司引進外資做準備，而其他家族成員對此根本不懂，老是以爲公司資本永遠在家人手中比較單純，一旦引進外資就會產生許多爭執與糾紛，公司決策也會受到外人的干擾等等，因此S君認爲家族成員根本是爲反對而反對，懶得再解釋。

家族間互動與制度執行

公司任職的員工年資多爲十年以上的作業員，目前在台灣的製造部門中因爲台灣招工不易，所以多半使用外勞，而家族成員多半居管理階層。E董過去三十年在家族或是公司中都扮演領導者的角色，處理事務也多半兼顧家族感情，E董即使交棒以後，還是家族成員的訊息中心，在公司任職的每個家族成員與E董見面時都會聊到公司最近發生的事情以及看法。

蓉盈燈具曾花很多精神委託顧問訂定公司書面組織架構、制度以及部門執掌和標準作業程序，但家族成員於公司中行事做爲仍依循過去傳統方式處理，資訊傳遞也是以家族關係進行。因此公司書面的制度程序以及表格，除了工廠相關的ＳＯＰ外，很多制度與規定並未實際使用。舉例來說，這幾年的年度績效考核以及三節獎金的決定與發放，都沒有眞正依照制度進行，而是由Ｓ君提議給Ｅ董以後，再由Ｅ董跟家族成員分別討論綜合，往往還會依照每個人的情況做特殊調整，之後再告訴Ｓ君確實數字以及發放方式，雖然型式上是由接班人Ｓ君處理，但實際並非如此，因此公司績效考核制度這幾年來也形同具文。

蓉盈燈具與Ｓ君的接班問題，該如何有效解決？

5
企業接班個案三
金融世家

那種「過河拆橋」的態度，讓 SL 先生很不舒服。

SL 先生開始積極了解自己在娘家企業中的定位到底是什麼？

是駙馬，半子還是專業經理人？

半子有沒有接班的可能，

以及「專業經理人」在家族企業中到底有沒有前途？

討論參考——個案中的ＳＬ先生（女婿且是專業經理人）

●讓我們回到從前……當初公司要派人去大陸的時候，如果您是ＳＬ先生的話，會不會堅持僱用專業經理人前往，讓自己退居幕後，省得日後碰到「過河拆橋」？或是帶著一個團隊一起去分工合作？

●有關大企業的競爭，有句名言：「只要不常見面，自然就被遺忘」（out of sight, out of mind），所以外派的人都必須在總部保留「自己的關係人脈」，否則久而久之，外派人員就被總部遺忘了。回到當初，如果您是ＳＬ先生的話，針對去大陸開疆闢土這件任務，您會有哪些（不同）的安排？

●如果ＳＬ先生在去大陸前就預先培養自己的班底，現在狀況會不會比較好？

●您認爲ＳＬ先生在外面單打獨鬥，而其他家族成員在家裡成群結黨，以逸代勞，兩者競爭的話，誰更有希望成爲接班人？（理由）

●如果ＳＬ先生夫妻聯手，相互呼應，對接班而言，能不能提高成功率？您認爲兩人應該如何配合或者太太應該置身事外？

●現在您接受ＳＬ先生要求，爲他擬定「成爲接班人的培訓計畫」時，會給什麼樣的建議？

●如果ＳＬ先生希望「只當個永遠的助手，扮演好駙馬角色，長期運用自己專業經理人的角色來輔助接班人，而不是自己接班」，您會給什麼建議？

討論問題——共同課題（專業經理人）

●您認為「專業經理人」在此個案中可以扮演的理想角色是什麼？

●「專業經理人」往往會夾在家族企業幾個接班人選之間，您認為此時的專業經理人應該如何面對？

●如果您是專業經理人（連女婿都不是）被家族企業派去大陸當先鋒，而您也知道事成以後老闆必然「收歸國有」甚至「過河拆橋」，面對這種可能性，您又會如何？

個案介紹

錢莊租賃

二〇一三年三月份，突然接到過去創投同業ＳＬ先生找我們討論可能的合作。

他本來是在資訊業，後來被挖角去創投公司，之後傳聞他跟一個千金小姐結婚後就沒有再聽到他的消息，直到最近他找上我們提供諮詢，才又聯絡上。電話初步接洽後我們才知道，ＳＬ先生原來是三年前跟老婆一起到上海居住，負責娘家在中國大陸的租賃事業「錢莊租賃」的開創，這次是他希望跟我們討論有關「接班」的一些想法。

見面後，ＳＬ先生告訴我們，他所負責開設的錢莊租賃已經在中國大陸正式開辦，公司資金是台灣母公司以信用貸款透過香港金融機構提供，相較於其他進入的台資銀行而言，規模相對上小得多。

錢莊租賃的母公司雖然也算是金融理財相關世家，但規模跟幾家家族掌控的台資銀行比起來還是小巫見大巫，所以錢莊租賃在大陸的發展只能以比較保守的方式，「摸著石頭過河」，且戰且走。

以ＳＬ先生來看，所有台資銀行的長期目的當然是「全方位人民幣業務」。即使是台資銀行也可對大陸企業、往來一百萬人民幣以上自然人辦理相關人民幣存放款等業務，既降低資金成本，還可賺取更大的利差。

相對上，錢莊租賃的母公司在可預見的將來，並無條件在大陸取得全方位人民幣業務，無法取得當地存款，所有運作資金還是得由自己提供，這對ＳＬ先生在大陸的長期發展是相當不利的；趁現在（二〇一三年第二季），台資銀行雖然提出申請但尚未眞正取得核准，ＳＬ先生還有時間做調整與準備。

除此以外，最大的問題是ＳＬ先生認爲過去三年他只是「爲他人作嫁衣裳」而已，並非眞正「第二代」，他擔心自己連中國大陸舞台都未必能保住，遑論未來發展。

女婿終究是個外人

他說：「我雖然跟家族中的第二代結婚，但從她們家族長輩來看，我還是個外人，他們對我很難完全信任的；我只是個跟千金大女兒結婚的『專業經理人』而已，家族中還有內弟（還在國外念大學）以及其他堂兄弟表姊弟在，他們才是自己人，算來算去，我都不太可能成為眞正的家族事業接班人。但大陸事業卻是我打下來的，要我拱手讓人我不是很甘心。」

因此ＳＬ先生尋求我們協助，希望我們提供建議。

藉著訪談過程中，我們聽到了許多不為外人所知的「家族秘辛」。

首先我們問他：「統一集團就是由女婿羅智先接班的，為何您認為自己不可能成為『羅智先第二』，也由女婿接班呢？」

ＳＬ先生說：「高清愿只有一個獨生女呀，早在六年前大家就知道羅智先是個準接班人。而這兩個因素（統一沒有太子能夠接班問題，以及老丈人高清愿全力相挺）我都沒有，這是關鍵。」

他嘆口氣說：「事實上當初結婚的時候我連來自家公司工作都沒興趣，更不可能有接班的打算；那時候是我娶老婆又不是入贅，而且我在創投做得很好，收入也很高，加上我們在資訊業的人都是專業經理，靠自己能力與績效打天下，公司裡面也是『傳賢不傳子』，很有前途。我在資訊業期間也累積不少資本，後來到創投幫助許多新創事業，在未上市股也賺了不少錢，雖然比不上太太家，但也不至於讓太太吃苦。

「我跟家族企業的千金結婚已經好幾年了，但我到現在還是看不起娘家那些『阿斗』

兄弟姊妹們，男生沒啥能力只會靠血緣或裙帶關係就到公司裡面當主管，脾氣還挺大的，而女生只知道打扮得漂漂亮亮，連生活都不會自己打理，整天帶著跟班，也不找個有意義的事情做，到處走趴，三不五時還來個公主病、少爺痛之類的，米蟲罷了。」他邊說邊搖頭，看來SL先生對太太的（堂、表）兄弟姊妹們沒什麼好感。

我們感覺有點尷尬，只好喝茶不講話。

SL先生自己又接著說：「就拿念書來說吧，我們可都是眞槍實彈過層層關卡才拿到學位，他們的學位很多都是到國外，還得靠捐錢換來的入學許可，以爲人家都不知道，沾沾自喜，眞是欺世盜名。」說到這裡，SL先生還是頗爲忿忿不平，顯然彼此間積怨不少。

以專業經理人自居

SL先生很驕傲地說：「我們在資訊業可是紅海裡面殺出來的，要跟國際競爭哩，這些『靠爸族』在IT業是吃不開，也沒人瞧得起他們，只是在傳統產業，尤其是家族企業中工作就不同了，員工都得靠老闆賞口飯吃，另當別論。

「當初認識我太太的時候，我只知道她家是做小生意的，大學時候就到美國念書，回國後在家裡面做事，家裡有點事業，她人有些美國脾氣，豪爽有見識，又大方，到外國見過世面，所以讓人喜歡。我那時候自己混得也不錯，所以就沒有特別在意她的家庭狀況，兩人相處也沒有特別跟她的堂兄弟往來，等到交往久論及婚嫁，相互拜訪家長，這才發現原來不是個『小』生意，還是個在當地有點名氣的『金融家族』呢。

「但第一次看到太太的親戚就讓人不舒服，有些人的態度與問話似乎認定我就是看上他們家的錢才追我太太的，讓人不爽。後來家族聚會，我總是能避則避，非去不可的話，我就拿本書去看，最好彼此不相理。這事情困擾了我很久，後來創投的老闆知道以後建議我既然自己有能力，何不乾脆簽下『婚前協議書』，我想也對，所以跟準岳父說了，當場他不置可否，但事後律師還是送來文件，我也就簽了，說到做到，省得誤會。」

「有用嗎？我是說娘家人對您的態度有改變嗎？」

「至少結婚後我參加娘家聚會時候沒什麼顧忌，只要討論到家族企業內部事情我就走開，省得煩心。」

「所以您連『駙馬』也算不上囉？」

「我應該算是個獨立於家族企業之外的女婿吧，」SL先生笑笑地說。

這下我們更好奇了，「後來怎麼又回到娘家，幫他們到大陸來開創租賃呢？」

初入大陸

SL 先生說起了他的創業歷程：

「唉！也怪我多嘴，前幾年，台灣環境已經很難有高成長的投資機會，對金融集團而言，滿手資金是個困擾，所以每次去看岳父母就聽他們談這個，大家都知道大陸是一定要去，但怎麼去，去幹什麼，最主要還是要派誰去之類的，翻來覆去談了一兩年。本來跟我無關，我做我的，他們說他們的，後來岳父開始找我談這方面的事情，問我意見；資訊業本來就是走國際路線，加上創投的金主有些來自金融機構，平常跟他們談話中也知道台資銀行是怎麼進大陸的，碰到的困難與法令進展又是如何，反正道聽塗說，我就知無不言，言無不盡。

「也就是那時候吧，創投兩本書《創業之終結》、《創投之逆轉》，把台灣創業與創投都講得混不下去似的，事實上台灣創投業也開始走下坡，募集資金變得困難，好的投資項目也不多，我的創投老闆對募集新的基金沒把握，我開始有些擔心自己的未來。

「我自顧不暇，所以也比較少去娘家走動，幾乎都是我太太自己回去。只是她每次回來都心事重重，我也懶得問她。直到有一天太太來找我，很慎重地問我說，願不願意考慮跟她一起去大陸？我嚇一跳！原來岳父身體不太好，每天煩惱大陸事情，看人家都登陸，自己集團卻沒有人去，很久以來都靠安眠藥入睡。

「我問太太的幾個（堂、表）兄弟怎麼不去，要自己的女兒去？太太說弟弟還小，堂兄弟沒有人要去。太太是長女，又出國念書英文好，加上我在資訊業到處跑國外，有國際觀，又做過創投，對人與公司的判斷有經驗，現在既然創投遠景不好，我們還沒有小孩，所以岳父要她回來問我願不願意兩人一起去大陸打天下？當時我想也有道理，就搬到上海了。」

「是這樣的呀，您提到娘家閒錢很多，爲什麼不僱別人去大陸呢？或是乾脆投資別家銀行，讓別人去大陸呀？」

「天下都得自己打，這連我做創投都知道，新事業得自己來啦。而且你別看，金融世家的人對錢特別敏感，他們一方面既要跟你拿錢（取得資金），另一方面又要把錢給你（貸款），所以對人與錢之間的利害關係拿捏，彼此取捨都算得特別精！這是他們耳濡目染的本能，外人學不會的。他們（金融家族）對錢都有一套獨特的看法，雖然滿手鈔票，一談到錢，每個人都是精打細算，絕不含糊。」

「能舉個例子嗎？」

SL先生想想，說：「在我們結婚後，有一次我的好朋友來找我借錢，金額還不少，我跟他兄弟從念書就一起打混，還有得說嗎？我雖然簽了婚前協議，但婚後財產還是共有的，所以我就回去跟太太打聲招呼，你知道嗎？她的想法跟我完全不同耶！她不是問我跟這朋友的交情如何，而是問我說『Does he respect money?』（他會尊重錢的價值嗎？）您說，有人這樣問的嗎？『好野人』（台語的有錢人）的想法就是跟我們這種白手起家的不同。我們交情重於金錢，她們對金錢的這種看法我也不太懂。」

「那您們到大陸去，岳父母總會給一筆資金當探路費吧？」我們有點好奇。

「什麼『給』，想得美！都要算成本的！岳父說得很清楚，我們是去創業，幫家裡面去大陸創業，所以資本雖然都由家裡面提供，但生意歸生意，而且出資本的又不是一個人，是家族中許多人合資設立的，所以資本以外的營運資金都得用『信用貸款』方式處理，對金融世家而言，沒有任何錢是免費的，所有的錢都有『成本』的！」

「既然初期錢不多，何不岳父自己出錢比較單純呢？」

「這你就不懂了，金融世家所有的關係企業不管大小，幾乎都用『交叉持股』，我中有你，你中有我。」

「爲什麼？」

「講得好聽是互相信任，關係越結越密，講得不好聽就是互相『不』信任，這樣的人際關係是很『排外』的，如果你是『圈外人』，錢再多，除非特殊狀況，不然都不可能讓你入股。」

財大氣粗採取購併躍進

我們換個話題，「開創過程想必是篳路藍縷，很辛苦，這部分我們待會再談，先談談錢莊租賃所面對的競爭環境吧？」

SL先生舉了個最近的案例，顯示出他跟太太這幾年到大陸開疆闢地，頗爲辛苦。

「二〇一一年底富邦大手筆併陸銀，以新台幣三百零六億元買下華一銀行，原因是華一銀行有中國大陸全國性執照和十四家據點，精打細算的蔡明忠，相較於目前台資銀行業赴大陸設分行只能一家、一家慢慢開，富邦金進度可是馬上超前，搖身一變成爲拓展中國市場最快的台資金控。花大錢原來是爲了『買時間』！另外據《日經新聞》報導，中信銀打算以五百億日圓（約合新台幣一百六十七億元）購併日本東京之星銀行（Tokyo Star Bank）一〇〇%股權。

「這種『躍進式』進入中國大陸的手法只有財大氣粗的家族掌控的台資銀行能做到，錢莊租賃根本無法比較，加上很多地方需要打點，所以西進大陸頗有心酸事，只能往肚子裡呑。」

「爲什麼這些家族擁有的台資銀行會有這麼多銀彈？」我們這些金融門外漢有些疑問。

SL先生說：「政商關係所產生的好處就不談了；他們多半有商業銀行可以吸收老百姓的存款，所以資金成本便宜，而且大股東幾乎都把手上股票以最低利率抵押給自己的銀行，取回資金後繼續購併或買入公司股票，然後再度質押借款，再度拿錢出來重複購入，周而復始，所以一塊錢可以當十塊錢用；利息還很低！可以只拿出同樣的錢卻加倍提高持股，穩穩地掌控公司，既可以提高董監事酬勞，又可提高股利，轉手間又把錢拿回來。這種利用桿桿方式取來的龐大資金，加上成本低廉，都是錢莊租賃無法比擬的。別忘了，還有我剛剛所講的交叉持股，透過綿密人脈與錢脈，資金後援當然源源不絕。」

除可用資金大小、成本高低外，ＳＬ先生說在大陸做租賃也有很高的風險。他先放了幾張投影片，跟我們解釋中國大陸的租賃業狀況。

中國租賃方興未艾

中國大陸的租賃公司依照公司類型可區分爲：「融資」租賃公司與「金融」租賃公司兩種，前者監理機關爲商務部，後者監理機關爲銀監會（中國銀行業監督管理委員會）。

中國大陸商務部於二〇一一年十二月十五日所發布的《「十二五」期間促進融資租賃業發展的指導意見》，對大陸租賃業的成長有很大的幫助，到了二〇一一年各類融資租賃公司已近三百家，比二〇一〇年增長了一百多家，中國融資租賃業安排租賃融資規模達到一萬億人民幣以上，業務總量位居全球第二位！

基於融資租賃操作靈活、對承租人的信用與財務要求門檻較低，逐漸在大陸受到重視，中國政府並以融資租賃作爲發展民營經濟以及支援中小企業發展的基本政策。

融資租賃市場在歐美的市場滲透率一般都在一〇％以上，但中國現在融資租賃的滲透率還徘徊在四％左右。因此，融資租賃行業在大陸仍被預估有呈倍成長的發展空間。

融資租賃吸引業者投資的原因主要除了考慮市場潛力及利差之外，還因為中國政府以政策推動促進國民經濟發展，因此租賃為中小企業提供僅次於銀行業的第二大資金供應管道。加上大陸銀行借款有時候年利率要到一八％到二〇％，有時甚至搶不到額度，融資租賃正可舒緩大陸中小企業包括台商的籌資困難，而且融資成本比向銀行借貸低。

台資銀行爭相以租賃方式進入大陸

在ＳＬ先生口中說來，租賃業務本來就很有彈性，可以進行業務包括直接租賃、轉租賃及售後回租，可協助在大陸從事高端製造的台商產業轉型升級，一般都是以「售後回租」方式解決承租人資金來源緊縮的問題，兼具資金融通，客戶也可以將舊設備以「先售後租」方式取得營運資金。

雖然大陸租賃已經很有規模，有好幾百家，但台商開創的數量還不多，主要是受限於台灣本地的法令限制，而且也受到大陸法規限制，因此台資銀行雖然很早就準備，但都屬於探路性質，真正成立租賃公司也都是在二〇一二年大陸貨幣政策放寬後才開始的；看來錢莊租賃也屬於這個類型。

ＳＬ先生解釋，根據台灣經濟部投審會規定，租賃業中之「一般租賃」屬於支援服務業，非屬赴大陸投資禁止類，所以任何本國公司都可以前往大陸投資。例如中泰租賃／蘇州中泰（蘇州）租賃公司、中租迪和／仲利國際租賃，以及裕融集團／蘇州格上租車，和潤企業／和運國際租賃等。

但依照中國大陸規定，台灣企業投入大陸之融資租賃，屬於「外商租賃業」。台資銀行中有永豐金、第一金、台新金、開發金、新光金、富邦金、國票金、華南金、中信金、中華開發金控以及非金控的銀行業（台灣工銀、台中銀行）兩家銀行投入。每家台資銀行切入大陸市場又多半是由租賃公司開始，採取「以小（據點）搏大（客戶群）」，「以少（資源）做多（業務）」，步伐雖保守，等時機成熟，隨時可以跳躍前進。

進入大陸初期，每個租賃業還不太敢對大陸本地的中小企業放款，多數以大陸台商爲爭取對象，因此錢莊租賃的競爭想必非常劇烈。

錢莊租賃現況

ＳＬ先生夫婦到上海已經有三年時間，拎著包包幾乎走遍各地，建立人脈，勘查市場，了解關係渠道。我們請教他過去三年經過，他似乎不願多談細節，有點支支吾吾。

他倒是很樂意跟我們解釋現狀，他說二〇一二年中旬，錢莊租賃已正式獲得銀監會核准，在長江三角洲某地設立代表處，這是ＳＬ先生夫婦代表家族企業到大陸落戶後所設立的第一個營業據點。這裡向來是台商在大陸的最重要產業根據地之一，年代久遠，因此錢莊租賃在此設立據點正好可以就近接觸台商，提供不同的金融與輔導經驗。

大陸租賃業的環境挑戰

ＳＬ先生認爲在中國大陸投資租賃業，比台灣更爲困難，例如：⑴大陸當局對租賃業務缺乏統一的全國性管理機構，因此業者比較難以做長期規劃。⑵租資公司所持有都是長期限的資產，沒有什麼流動性，持有的資產量越來越大，管理風險也隨之增高。⑶大陸的中小企業信用資料不易評估，加上會計帳務也有很多改善空間，因此信用風險相對高很多。⑷租賃公司如何評估資產的眞正價値並無客觀資料可佐證，也是個挑戰。

撿現成的人來了

在ＳＬ先生看來，這些都不是致命問題，致命問題是他發現第一個辦事處設立後，家族中開始有些雜音出現，有人更積極詢問，蠢蠢欲動，一看就是想來撿現成便宜了！

對ＳＬ先生而言，自己播種別人收割當然不平，所以趁早找我們提供諮詢。ＳＬ先生認爲過去要到大陸，堂兄弟姊妹（婿）們人人推拒，現在卻又人人爭搶，讓人不爽。剛來大陸探路的時候，家族人多半認爲ＳＬ先生既然已經簽了婚前協議，所以是在幫助家族建立灘頭堡，因此言談態度都頗爲友善；但去年開始，兩岸政策加速開放，就有人開始問東問西，多方打聽。ＳＬ先生本來就跟這些娘家堂兄弟不對頭，所以懶得搭理，最近大家見面時的彼此態度感覺起來有許多變化，甚至還有人明白表示他根本是個「路敢當」，是個「絆腳石」，逼他讓位的壓力鍋似乎正在逐漸增溫中。

加上ＳＬ先生內弟這幾年剛由國外歸國，連岳父母見面時候也都希望ＳＬ先生把內弟帶到大陸作夥。岳父母是不是也想讓內弟接他（在大陸）的班呢？還是遲早會把大陸「劃歸」內弟管轄？

種種蛛絲馬跡所顯現出那種「過河拆橋」的態度讓SL先生很不舒服，所以開始尋求應對之策，找我們諮詢就是其中之一。

SL先生也開始積極了解自己在娘家企業中的定位到底是什麼？是駙馬，半子還是專業經理人？半子有沒有接班的可能，以及「專業經理人」在家族企業中到底有沒有前途？

基本上，他當然知道在豪門巨室中求生存絕對不是一件簡單的任務，報紙所登國內某金控的兄弟彼此競爭，某集團大哥二弟之間的互相提防，還有某企業創業者過世後兄弟姊妹之間打國際官司，甚至某證券公司母親告親生兒子的也都層出不窮，所謂「家族企業」對自己兄弟姊妹都如此絕情，何況是對外人（專業經理人），對半子（女婿）呢？

即便SL先生再優秀，爲公司、家族立下再多汗馬功勞，日後一旦擋了內弟（甚至堂兄弟）接班的路，恐怕還是難免被「掃地出門」，到時候自己太太雖是大女兒，也無能爲力吧？SL先生認爲與其被踢出門時候怨嘆，不如現在及早布局，到時候才可進可退。

我們首先問ＳＬ先生：「在您太太看法中……以後您跟她弟弟之間，或是跟堂兄弟姊妹之間會不會有所衝突？」

「他們都待在台灣，只有我留在大陸的話就不會有衝突。」

「但他們想待在台灣嗎？還是有些人想到大陸來？」

「大部分都想待在台灣當富二代，到大陸來也只是蜻蜓點水走一圈，沒有人真正想來這裡扎根的。他們想把大陸舞台拿回手中並不代表自己想來，只要是大陸主管得是『自己人』，聽他們的話，這才最重要呀！」

「那您與夫人想長期待在大陸嗎？」

「我們也不想永遠待在這裡當『蘇武牧羊』呀！總希望建立基礎以後可以回去當總部控股公司的董事（長）最好了。」

「所以您的目的有兩個，短期內希望可以繼續在大陸，不受干擾，再過幾年等建立基礎後能夠回台灣總部，而不是被一腳踢開告老還鄉，是吧？長期當然就是在總部有一席之地，對吧？」ＳＬ先生點點頭。

關鍵一：女婿再有戰功也不敵血統純正

女婿只是爲人作嫁罷了。

在SL先生了解中，有三大關鍵會決定女婿的命運，第一當然是兩人間的婚姻能否維持，不然一切都免談。第二則是兒子與半子之間的關係；第三點就是老丈人的態度，也是決定女婿在家族中地位的關鍵。因爲如此，多數女婿對翁婿關係無不戰戰兢兢，深恐不討岳父歡心，斷了未來的「前途」；諸多女婿們對岳父大人都是敬畏得很，在老丈人面前沒有人敢造次。

SL先生過去自視有專業能力，又簽了婚前協議書，既然無求於人，因此對老丈人也沒有特別巴結。但如今想到已經進入娘家企業中工作，所以列出了三個可行方案。

第一、日後能夠回台灣接班或掌大權，這是第一優先。

第二、永遠恰如其分地扮演好駙馬角色，既認清自己的定位，永遠不想接班，但可以長期運用自己專業經理人的角色來輔助接班人。要如何做才能讓家族中的大老以及日後接班人了解自己的定位，並接受自己的角色，這還是個相當困難的挑戰。

第三、即使「功成身退」，也不能空手「裸退」才是，得取得相當的報酬才能讓出大陸既有的基礎、人脈與關係。

ＳＬ先生有很多疑問，例如：這三個安排是否彼此衝突，是不是第一個沒做成，搞得退而求其次都不可能？

還有，如果爭取第一優先的話，該怎麼做？會不會有後遺症？

ＳＬ先生除了開始思考如何重修「翁婿學分」之外，還想趁自己在大陸的地位還不可動搖的時候，先做哪些布局？據ＳＬ先生所知，接班人都得由上一代出面安排才能水到渠成，現在如果是自己要爭取的話，又該如何做？需要什麼資源？太太要扮演什麼角色？還有，時間上要多久，還來得及嗎？這一連串問題都急著找人諮詢輔導與協助。

他也想過自己一人總是不夠力，如果能夠藉助專業經理人的協助，是否機會更好？

關鍵二：專業經理人在家族企業中有前途嗎

既然ＳＬ先生想到這裡，我們就先問問他在娘家企業中的「專業經理人」角色如何。我們直截了當地問：「您認為專業經理人在您夫人的家族企業中是否遲早都會被換掉？」

「如果以統一企業的案例來看的話，我想是這樣的！何況我以前也曾聽岳父說過，我們這個行業是不會『長期養著』專業經理人的，我們要的是『立竿見影』的績效，所以出高價挖角沒有關係，但等價值用完也沒有必要留著。他認爲高清愿先生說得好呀，『爲人念舊，組織調整不念舊』就是這個道理。」

在他的了解中，只要這個人能夠有績效，家族企業再高的代價都肯出，但絕對不肯出讓大的股份給員工（除非已上市公司員工自己去買），即使讓股也是乾股，或是一點點意思還附有「離職買回」條款。

那金融世家又是怎麼看待「專業經理人」的呢？前一段時間媒體有個聳動的標題：「三千萬請不到一位銀行總經理」，針對這個，我們請SL先生解釋他這個金融企業「駙馬」兼「專業經理人」的看法。

SL先生說，針對高級人才問題，媒體報導已經很多，例如：

●台灣工銀人說：「對於優秀的高階經理人來說，現在是賣方市場。」

●群益人說：「開出千萬年薪找副總經理，透過各種管道，接觸了不下十人，至今卻仍『等無人』來坐這個位子。有的缺乏新金融商品經驗、有的領導統御能力不足，有的是業務能力不強，遍尋不到合格人選。」

●元大馬志玲三千萬挖角群益孫天山。

●台灣工銀駱錦明百萬美元找總經理。

●以王貞海爲中信證創造的獲利來看，三年一億元的身價不是不可能。

●馬志玲更在去年尾牙餐會上，不小心透露：「元大京華期貨總經理李文興年薪一千二百萬元。」

●鴻海精密董事長郭台銘做出重要宣示：「我的接班人一定要有負責任的特質……重點是他要把業績做出來，每年的業績必須成長三〇％。」

●「找不到總經理」是新銀行大股東們最困擾的問題。賺錢能力、國際格局、執行力強、掌握變動，又極度抗壓，這樣的人才，台灣各行各業都虛位、高價以待，只不過，企業要找一個「喊水會結凍」的人，恐怕不容易了。

●於企業大老闆而言，只要績效做得起來，年薪並沒有上限。

而找不到的原因也報導很多，例如：

●我們是還在fight（打仗）的公司，所以高階主管一定要具備很多種能力才行。眞的是人才難求啊！

●獵人頭公司也發現，許多企業開出的獵人條件雖然相當具有吸引力，但至今卻是一人難求。因爲要吸引高階菁英，光是高薪、高配股還不夠。獵人頭公司向業界符合條件的兩、三位經理人探詢意願，幾乎每個人開出的第一個條件就是「被尊重」；「如果老闆沒事對我大呼小叫，不當我是個專業經理人看待，錢再多我都不會接！」一位與外商獵人頭公司接觸的經理人這樣說。

●專業經理人考慮的條件還有，究竟有沒有發揮空間？有沒有成長空間？風險又有多大？符合條件的人鳳毛麟角，他們有很大挑選（甚至挑剔）的空間。這是標準的賣方市場。

●「賺錢能力」是許多老闆要求的第一要件，郭台銘要求鴻海未來的領導人，每年讓公司營收增加五百億元。統一集團總裁高清愿也說過：「我們開公司就是爲了要賺錢，賠錢就是不行。」

●有這個身價就要有相對貢獻，拿一百萬美元就要賺一千萬美元回來。

●當前金融業生存大戰打得震天價響，錢越來越難賺，位子也難坐穩，「做了二十年還是打工皇帝。」

●「你今天用一千萬挖角，別人用兩千萬也可以挖走。」對人才而言，最重要的是舞台，如果沒舞台，說什麼都沒用。

●高階經理人才在乎的條件不單只是錢多寡的問題，更重要的是這家企業的形象問題。如果一家公司的董事會成員家族化、老闆干涉嚴重，或是專業經理人只是培養第二代接班的過渡角色，「哪有人敢進去呢？」

●外商公司老闆首重賺錢能力、次重人格操守。因爲在外商體系的觀念中，企業屬於市場上股東所共有，高階經理人不一定一輩子留在這裡，條件是銀貨兩訖的事。但對本國企業老闆來說，信任則是首要條件，因爲本國企業主多認爲「公司是我的」，如果老闆不信任專業經理人，就不可能放手讓你做，能力再好也絕對無法繼續共事。

SL先生說以上這種差距是必然的，當老闆的都很精，給一毛錢你就得至少幫我賺一塊錢到五塊錢回來，不然立馬翻臉走人，當老闆的永遠只看結果，不談人情。而專業經理人而言，我幫你賺好幾塊錢，而你只給我分到幾毛錢，我還得幫你建立制度、培訓人才，甚至教導接班人，還得對你忠心耿耿，只准你辭掉我，不能我跳槽，加上對我頤指氣使，哪有這樣算盤只往自己那邊打的呢？

我們問ＳＬ先生：「照這樣說來，還是外商合理囉，專業經理行情有多少就拿多少，不必客氣，老闆也別跟我套交情，別想欠我一毛錢，我有價值就趾高氣揚，聽我的，我沒有績效馬上走人。一邊工作一定邊找新機會，找到更好的待遇我馬上跳槽。要我留下來，要我教導別人，要我建立制度，要我幫忙接班人，另外計價。這種『先小人後君子』的作風是否比較合適？」

「是呀，只是台灣家族企業可能還不能接受這樣的人才吧？而且台灣人才發展機會並不多，除了台灣之外就是往大陸去，而大陸人才比比皆是，台灣人去了也未必占便宜，所以綜合而言，當老闆的還是占上風啦。」

說到這裡，ＳＬ先生突然沉靜下來，過了一兩分鐘，他說：「我或許可以借力使力，找些專業經理人當『傭兵』，當我完成接班人布局之後，銀貨兩訖，豈不各得其所？我看你們是否也幫我想想這條路的可行性與操作性呢？」

誰是最理想的接班人

最後，訪談結束，我們很好奇地問ＳＬ先生：「您似乎對富二代很不以爲然，難道就沒有令您佩服的第二代嗎？」

「那也不能這麼說，在台灣至少還有幾個富二代是讓人佩服的。就像潤泰的尹衍樑當然是個人物，再來台灣工銀的駱怡君也有相當可觀之處；還有，富邦的蔡明忠都是讓人佩服的。」

爲什麼舉這三人呢？我們很好奇地繼續請教他。

他說：「尹先生比我們年紀大，以績效來看，他不但接班，而且發揚光大，把潤泰由紡織成爲一個跨物流、保險、建設、文教、醫療、生化、投資……而且全部都是業界數一數二，接班後三十年就發揚光大到這種程度，了不起呀！最重要的是他很有社會責任心，對社會有貢獻，捐獎學金（唐獎），蓋鐵路，辦學校，辦醫院都是義舉呀！賺錢這麼多，對社會貢獻又這麼大，理應佩服。

「至於駱怡君千金小姐嘛，也奇怪，千金小姐的生活不過，反而要單槍匹馬，只帶了個女特助就去中國大陸開闢疆土，從無到有，我自己經歷過那種苦日子，實在是委屈往肚子裡吞呀。

「你不要以爲大陸人對我們有多好，告訴你，大陸官員好的當然有，很多都未必！以我們設立租賃公司來說吧，不但要去每個客戶那邊拜訪，聽人家抱怨，還得拿到層層官方批准，這些人脈、關係都得自己去打點，紅頭文件也得自己去跑，大陸很多事情都無規定可循，有規定也是他說了算，我過去三年可是點滴在心頭，駱小姐想必也好不到哪裡去，所以我佩服她這種一步一腳印的前進。至於蔡明忠嘛，整天上報，不需多說。」

「如果以績效論英雄，尹先生高居第一也對，但駱怡君就不能在蔡明忠之前了吧！」我們對此相當質疑。

SL先生斜看我們一眼，嘴裡輕輕地說：「俗呀！」

看我們聽不懂，他解釋說，蔡家雖然接班後財大氣粗，但從兼併台北銀行開始到現在大肆擴充富邦事業版圖，多少都給人家一種「掠奪社會資源以爲己用」而不是爲了社會公平正義的感覺，雖然他的夫人在社會公益上面有些著墨，但比例上與格局上以「社會責任」來看的話，還是有許多的認知差距。

SL先生解釋給我們聽，他認爲企業接班其實有幾個層次，最底層是「財富與財產接班」，只爲自己，再來是「政商社會關係的接班」，還是爲自己，然後是「公司經營管理的接班」，這就得兼顧團隊了，之後提升到「創業家精神的接班」，那層次更高了，最後是「社會責任的接班」，那就是接班的最高境界。

尹先生當然已是最高境界。

至於駱小姐，她除了自己篳路藍縷，親手親爲到大陸開創新事業之外，個人最近獲得世界經濟論壇（WEF）「全球青年領袖」的殊榮，這也很難得，最重要的有兩件事情讓人佩服。第一、她在WEF表揚會議中公開倡導領導人應該要有「虛空納山河」的格局，要沒有私心，要充滿責任感、公義道德心！其次，她在集團策略大會上大聲疾呼：「我們一定要守法，用仁德對待員工、客戶與股東。」這一席話讓不少主管很感動。前副總統蕭萬長女兒蕭至佑就用「富有正義感的俠女」來形容她。

「別人滿嘴仁義道德，行爲舉止卻不堪入目，但駱小姐從我認識她開始就以『眞心誠意』待人，而她公開所說的這個境界除了尹衍樑已經著手並有相當進展之外，似乎尚無其他富二代人士敢『公開』這樣說；雖然駱小姐還沒有正式接班，但我相信她未來格局絕對高於其他人。」這也是爲什麼SL先生認爲駱小姐是接班人中的第一名。

我們有些不以爲然，問說：「蔡明忠也曾公開說他六十五歲要『裸退』呀，難道這還算『俗』嗎？」

ＳＬ君邊走邊笑，他說：「是嗎？第二代屁股已經坐在大位上、手中又掌大權的時候，一呼百應，風起雲湧，這時如果能夠利用自己的資源跟影響力爲社會建立好榜樣，多做好事，這是何等高超的境界？如果當位者忙著攻城掠地，等到退休才『裸退』，那不是有點奇怪嗎？算了，別人家的事情跟我們沒有關係。別忘了，還是我託你們的那些事情比較重要，早點跟我聯絡！」

參考資料

台資銀行業本質與西進大陸的時空因素

爲了先了解錢莊租賃的競爭對手，訪談後我們對台資銀行的經營環境與西進大陸的現況做些背景調研。

這下才了解到，台灣的銀行業所處的環境是一個相當複雜的行業，所涉及的範圍廣泛而且難以全盤掌握，除了本身的經營策略、核心競爭力以外，更受到當地政治、經濟、法令以及人爲的多方面限制與不確定性。

對台資銀行而言，台灣本地能玩的都已經發展得淋漓盡致，例如傳統行業貸款、消費性貸款、房屋貸款、信用卡等等都已經沒有什麼油水可賺，而分行又多得不得了，光是台北市羅斯福路上幾乎每段路都有好幾家銀行分行，競爭本來就很劇烈，加上最近幾年台灣產業發展不佳，放款對象也沒有增加，游資滿溢卻無處可去，因此很多銀行都跟保險公司、證券公司搶起生意來了。

最近幾年，台資銀行本地成長有限，只能往外發展；但台灣銀行要想進入國際市場與歐美國際銀行競爭根本不可能，加上全球經濟在二〇〇八年的金融危機中還沒回過神來，歐債危機再次襲來，從而致使全球經濟低迷，台資銀行業更難以拓展國際市場，因此往外發展只能依賴中國大陸。幸好這幾年兩岸關係不斷取得新進展，大陸金融業的發展環境也在不斷優化和規範化，逐漸實現國際接軌，使得台灣銀行進入大陸可說是天時、地利、人和三者兼具。

具體分析，台資銀行往大陸布局的主要原因有幾項：

一、台灣先天不利於台資銀行發展

台灣的經濟是我們常說的「淺碟型經濟」，所謂淺碟型經濟就是倒一點水就滿了，一張紙放下去水又吸乾了，很容易飽和。台灣的銀行就像便利商店一樣無所不在，銀行之間的競爭非常激烈，可以說全球沒有一個經濟體中銀行競爭像台灣這麼殘酷。而台灣官方的金融管制也非常嚴格，現在台資銀行業的存貸息差區間已經被壓得非常小，所以對台資銀行來講，必須西進大陸，因爲大陸市場大，利差高，這也符合資本的逐利規律。因此台資銀行進入大陸應該會如過江之鯽一樣前仆後繼。

二、「地利」、「天時」有助於台資銀行西進大陸

二〇一一年的資料顯示，台資企業在大陸獲利前五十強中，九成在大陸設有子公司或轉投資企業。最近幾年，大陸早就是台灣第一大貿易夥伴和最主要的投資地。隨著越來越多台資企業的大陸投資以及兩岸貿易規模擴大，對銀行提供了衆多的發展機會。在二〇〇八年金融危機時，許多台資企業生產利潤急速下降，其中不少以外銷爲主的生產

企業周轉資金不足，甚至陷入破產境地。在這種情況下，銀行及時地爲企業提供資金，保證企業的正常生產，發揮著關鍵性的作用。

在兩岸金融合作備忘錄（MOU）簽署之前，產業大，金融小，金融服務跟不上產業發展的步調。往大陸發展的台企絕大多數都是中小企業規模，向大陸銀行尋求融資，一是擔保抵押不夠額度，二也沒有完善的體制規定可依循。多年的發展遇到了金融瓶頸，而兩岸金融MOU的生效，給台商帶來的是實實在在的利益。

台資銀行轉戰大陸生根發芽，解決了他們融資困難等一系列金融問題，有了具有熟悉優勢的台資銀行鼎力支持，台商台企將更顯勃勃生機。兩岸金融MOU正式上路後，更爲兩岸經貿合作增添了籌碼。

《兩岸投資保障和促進協議》爲台資銀行在大陸發展保駕護航。繼《兩岸經濟合作框架協議》（ECFA）之後廣爲兩岸和國際社會所關注的協議塵埃落定後，台灣與大陸雙方就投資人身安全、財產安全、投資爭端解決等多項有關台商投資活動達成共識。可以說兩岸投保協議的簽署讓台商服下了一顆「定心丸」，對台資銀行大陸的業務開展與資金的安全提供了保障。

此外，兩岸貨幣清算機制爲台資銀行大陸發展提供了激勵。二〇一二年八月三十一日，兩岸貨幣管理機構簽署了《海峽兩岸貨幣清算合作備忘錄》（以下簡稱備忘錄）。備忘錄中確立的兩岸貨幣清算機制是兩岸貨幣管理機構對兩岸金融機構間為服務經濟運行中運用對方貨幣開展支付活動進行清算所做的制度安排，其主要內容包括確定貨幣清算機制、規範業務內容、確立監管合作機制等。一方面為從事兩岸經貿活動的業者節省大筆匯兌費用；另一方面，更為台資銀行爭取擴大大陸經營業務提供了條件，透過人民幣業務的開展，台資銀行可以與大陸相關金融機構建立日常化的資金拆借、資訊交換、危機處理等提供機制化渠道。因此可以說，兩岸貨幣清算機制的建立，為台商在大陸發展提供了激勵。

三、「人和」有加乘效果

台灣與中國大陸語言相同，加上台灣許多人民跟大陸民衆有血緣或親戚關係，這是最大優勢。二〇一三年三月，剛上任的行政院政務委員薛琦（前台灣證交所董事長）就明確表示，現在是兩岸金融最好時機。他認為對越敏感、越需要信任的事務如金融、醫療等，語言會越加重要，而台灣與大陸有語言優勢，正好可以運用在這邊。

兩岸金融人才向來頻繁互動，早在金融MOU剛簽署時，許多台資金融機構便著手安排員工考取大陸金融證照，以方便日後工作往來。兩岸金融MOU簽訂後，頂級證照跟著發燒，甚至有人提出更長遠的看法，希望兩岸能開放金融證照的認證，將此議題納入兩會領導人會談。

到了二〇一三年二月份，在台資銀行登陸方面，金管會已核准十二家台資銀行赴中國大陸設分行，其中十家已開業（土銀／上海、合庫／蘇州、一銀／上海、華南／深圳、彰銀／崑山、國泰世華／上海、中國信託／上海、兆豐／蘇州、臺銀／上海、玉山／東莞），另外六家銀行在大陸已經設有辦事處。

由於銀行的辦事處事實上不能眞正執行業務，依照大陸規定只能從事業務相關的策略、市場調查、諮詢等非經營性活動。眞正要經營業務必須至少是分行才行（子行更好），不然就得採用策略聯盟（合資，參股方式進入大陸本地銀行），但這種方式以現有法令的限制頗多，難以取得大陸銀監會同意，因此許多台資銀行進入大陸布局雖然仍以銀行爲發展主軸，但都是以「銀行爲中軍、租賃爲前鋒」的運作模式，先設立租賃公司，有些還能經由大陸綠色通道核准設立第二家租賃公司等。這些租賃公司可以爲日後分行、子行做準備。

6

企業接班個案四

敗部復活

化工這個行業是資本密集加上人才密集的行業，

這不是「精緻小巧」的行業，

不可能父傳子，子傳孫！

得逐步打破「家族企業」的模式才有發展，

問題是老一輩的人看不到這種需求……

討論參考

●如果個案中的Ｓ君是專業經理人，而不是創業者的獨子，您是否同意Ｓ君所言，外人根本沒有「二進宮」的機會？

●如果個案中的Ｓ君是專業經理人，而老董與副董兩位又都有兒子可接班的話，您認為他在第一次接班時應該怎麼做才不會被撤職？

●上題，如果老董與副董都沒有兒子可接班，那Ｓ君（假設是以專業經理人身分）又該如何做才不會被撤職？

●個案中的ＭＢＡ團隊對接班扮演重要角色，您認為這在其他公司也適用嗎？

延伸閱讀與討論

●請觀賞《康熙帝國》與《漢武大帝》兩部連續劇，您認為兩位皇帝接班過程中掌握了哪些關鍵時刻，或是做了哪些關鍵事情才能順利接班且開展盛世？

●劇中兩位皇帝的做法運用於現在企業接班人的培訓、用人、處事……等是否可

用？（建議參閱其他個案，分別討論）

個案介紹

勇盈化工

勇盈化工是台灣的化學公司，但接班故事頗有「二進宮」的傳奇性（《二進宮》是一齣平劇，講明朝一位大臣二度進宮，幫助皇后、太子奪回皇權的故事）。

在二○○六年董事長Ｅ先生把公司交給獨生子Ｓ君接班，之後業績竟然連續下滑了三年，所以老董在二○○九年中不得不把兒子解職，自己回鍋主持，而業績果然停損慢慢恢復。

更奇怪的是回鍋兩年後，董事長又再度把公司交班給獨生子；當時大家猜測是董事長身體不行不得不交班。但這兩年來董事長身體還是很好，不但經常公開露面，還常常參加外界活動，顯然不是身體因素，而且兒子二度接班後公司業績出現大幅成長，所以我們很好奇地拜訪勇盈化工，了解接班過程。

個案背景

勇盈化工創立於八〇年代，創辦人Ｅ先生最早在台灣受日本教育，現年過八十。說起創業歷程，Ｅ先生在高職畢業後就因某種關係得以到日本一家化學公司打工三年，因爲學習與工作都很認眞，很得當時日本公司老闆好感。

Ｅ先生回來以後，自資設立了一家化學公司，原來做的只是化學助劑、工業粘合劑，與一般樹脂產品，十年前他去日本再度拜訪打工時候的老闆與同事，大家談得很好，所以得到日本公司技術移轉，引進最新的聚氨樹脂水塗料（urethane waterproof material）以及ＵＩ防輻射窗戶塗料（Ultraviolet shield paint）；但Ｅ先生資本不夠，所以找了同鄉兼好友Ｆ先生投資，自己擁有六〇％股份，Ｆ先生擁有四〇％，兩人當董事長與副董事長，公司並改名爲勇盈化工。新資金入股後不但可以擴充台灣原工廠規模，擴大生產粘合劑產品外，還順利導入防水塗料及抗紫外線塗料的生產；當時台灣能夠銷售這兩種產品的通路與工程公司並不多，所以勇盈化工又採納日本原廠的建議，在台灣設立百分之百的控股銷售公司，引進日本原裝的噴塗設備加以改良後，在台灣開展大廈窗戶ＵＩ塗料、大廈外牆拉皮、外牆防水塗料以及住宅屋頂防水塗料市場。

剛開始業績普通，還好近幾年因台灣建築業興起，新興社區大量增加，對防水塗料品質、防水工程的施工與保固要求也越來越高，因此公司防水塗料業績開始快速成長，近幾年來公司每年都賺錢，E董事長與F副董兩人討論後決定保持公司私有制度，不做上市上櫃打算，將本求利，穩定自在。

勇盈化工旗下生產與銷售公司員工總共有一百多名，資本額新台幣二億元，年度銷售額新台幣十億元上下，並穩定成長中。E董事長因年紀漸大，早想把業務交給兒子，五年前他取得F副董同意後正式任命大兒子S先生爲總經理，兩人從此退居幕後。

保守經營VS大膽躍進

E先生受日本教育出身，又在日本公司工作過，個性內斂沉穩，經營事業也是步步爲營，穩紮穩打，絕不躁進；F先生跟E先生從小一起長大，同樣受過日本教育，兩人個性相似，對事情看法偶有不同，但都能夠在討論中達成協議。但S先生從小就活潑好動，跟爸爸以及F副董（他叫叔叔）的個性並不搭調；日本教育出身的父執輩似乎也不太習慣跟兒子面對面討論事情，總是用命令語氣；當兒子的也不太敢跟爸爸說話，有不同意見也不太願意講出來。

S 先生留學回國就一直在公司內部任職，五年前接棒後很高興爸爸與叔叔都願意退居二線，放手讓自己做事，雖然他們還是擔任董事長與副董事長職位，但已經不再過問公司經營，全部都讓總經理 S 先生處理。

S 先生上任後深切感覺到台灣環保氛圍不太適合化工業發展，同時防水塗料以及大樓抗紫外線市場的成長也有限，應該去中國大陸發展，所以決定加快中國大陸生產以及銷售布局；那時候兩岸還沒有直航，S 先生每個禮拜來往兩岸，各待一個禮拜，週末就換地方上班。

問題是大陸銷售部門初期業績沒有起色，以致工廠年年虧損，公司裡面開始有很多雜音，不少人要求把大陸工廠先關閉，由台灣生產所有的產品然後海運過去就好。剛開始只是說說講講，後來大陸虧損越來越大，連台灣公司所賺的錢都消耗掉了還是不夠！這下 E 董事長與 F 副董事長也受不了，每次看到月報表赤字連連就會找 S 先生來質問，月月如此，越講大家火氣越大。

S 先生回想起當時的情形，他跟我們說：

「我跟爸爸與叔叔的個性本來就不同，以他們那種保守穩健的作風不可能在大陸走出自己局面的。

「其實我們不但個性不同，連價值觀、理念都不一樣。他們習慣將本求利，保守經營，步步前進；這在過去當然可以，但現在環境變化這麼快，人家都在跑步、躍進，而我們卻還是一步步地走，五年、十年以後我們在哪裡？人家又在哪裡？只用保守方式經營，那連中國大陸都不必去了，一定賠錢嘛。

「問題是永遠待在台灣有前途嗎？豈不是成了『冷水煮青蛙』？一步步被環境（燒）逼死？

「還有，老一輩的人希望我們接班，卻還是把公司的經營權和掌控權握在自己手中，這是創業老一代的性格，他們總以爲事業要有絕對的控制權才可長可久。但所有股份都掌握在自己手裡，誰要爲你賣命？能找到好的人才嗎？以前的環境好，競爭少，要找到好的工作不容易，所以找人是『買方市場』，他們可以挑三揀四；現在不同了，我們待在台灣沒有發展前途，得到大陸去，要到大陸就得找開疆闢土、能夠獨當一面的『戰將』，我剛剛說過了，問題是股份都在你手上，誰要幫你賣命？好的人才也不肯給你當『打工仔』，每個月領死薪水呀！

「我跟他們談得給人家一些股票，他們就是聽不進去，還說等大陸賺錢才能給，這不是雞生蛋還是蛋生雞的問題嗎？找不到人才，我也只能自己去衝鋒陷陣。『巧婦難為無米之炊』，沒有人才怎麼可能有好的進展？

「化工這個行業是資本密集加上人才密集的行業，這不是『精緻小巧』的行業，不可能父傳子，子傳孫！得逐步打破『家族企業』的模式才有發展，問題是老一輩的人看不到這種需求，我也不知道跟他們怎麼說。」

說到中國大陸，S先生就是一肚子火。

他嘆口氣接著說：「最大的困難其實不是大陸環境不好，也不是競爭劇烈，而是來自家裡面的『掣肘』。你們也知道，我到大陸發展新事業當然需要資金，初期進展當然不會太順利，總有個學習曲線吧？我們又不願意花大錢找人才，只能靠自己摸索前進，既然是摸索當然就會跌跤。

「老一輩的人創業初期是跟著大環境一步步成長，既沒有跑步，當然就不會跌跤。我到大陸去是跌了幾次跤，但才剛剛賠了幾次錢，爸爸與叔叔就看不下去了，從問東問西到公開反對，讓我兩面受敵。

「既然交班給我就應該信任我，一邊交班一邊又在董事會反對這個，反對那個，後來幾乎只要跟大陸相關的就會受到董事長跟副董事長兩人的聯合反對，我成了孤掌難嗚。

「你也知道，八〇到九〇年初期是中國產業與市場都進入快速發展的時期，機不可失，大陸有很多重要決策都要錢、要人，這些項目我都是自己去看、去談後才在董事會提出的，但董事長就是不聽，每次開會就翻臉，大家硬是要把衝突擺在檯面上，一連好幾個大陸投資案都是這樣。他們最喜歡問的就是『爲什麼每個月都在虧錢，卻還要繼續做大陸？』

「他們習慣將本求利，根本不懂現在要做事業就得深耕、得投資，要花好幾年的布局才有可能在未來收成；經營化工事業又不是種小白菜，哪能春天種，夏天馬上收割？

「不爽歸不爽，不過家庭企業也有好處，吵歸吵，雖然他們是董事長與副董事長，但只要我堅持不讓，他們對我這個總經理也沒轍，最後還是會說：『不然你就去試試。』還是會讓我去做。只是每次都得經過同樣戲碼，同樣被打槍，眞是折騰人。

「最氣人的是我接班後第三年，大陸擴充還在布局階段，當然還是賠錢，問題是老一輩的人已經受不了，一口認定我接班失敗，要我交出總經理！我也沒辦法，只好回去董事長室當特別助理。」

潛龍勿用

「當時您被解職後的心理如何調適？」我們有點好奇。

「當然很不高興，想要乾脆一走了之，遠走他鄉去，我才不肯當什麼鳥特助！沒勁。」

「後來爲什麼又待下來了？」

「我碰到一個人，我叫他『L老師』，他跟我分析了兩點，又給我兩個選擇：

「當時我被解職也是對的，因爲大陸連續賠錢賠了三年，總得有人負責吧？不然難度悠悠之口。我一被解職所有的抱怨都一下化解，公司裡面人心才得以安定。不然耳語不斷，公司局面就很難繼續穩定下去了。

「如果我在大陸所做的事情是對的，時間會證明一切，他說的那句話是：『Time will tell』，要我耐心等。

「記得他當時給了我兩個選擇：要嘛我走人，離開公司，避走外國；要嘛我就得沉潛，開始布局爲重出江湖做準備。」

「哦？他怎麼知道您會重出江湖？還有，當特助的沉潛期間，您都做了些什麼？最後我們想知道的是爲什麼老董事長眞的二度交班給您？」

「這很明顯，我爸爸只有我一個兒子，他不會把公司交給外人的。

「還有，雖然我被解職總經理職位，但家族企業還是有個好處，如果公司要有重大改變的話，當兒子的罵歸罵，但爸爸還是會給你該有的空間，不會趕盡殺絕，總會留些後路給你走；所以我雖然不再負責公司，但大陸那些案子的進度還是在一定程度上繼續進行，還是歸我去管，只是得事事報告董事長跟副董事長就是。

「其實這樣更好，因爲我只要向他們兩人報告就可以，見面三分情，總比被全公司上下聯合大軍批評要容易應付。

「最根本的當然是大陸的擴展是一種『硬道理』，是非做不可的；只要走對路，雖然跌倒一兩次，還是會有效果。這就是 Do the right things 跟 Do the things right 的差異吧。

「等我解職後一年左右，大陸業績就開始有點反應，成長率陸續上升，而台灣相對的業績持平，當爸爸與叔叔看到這種現象對我有些不好意思，有意無意地表示解僱我這個總經理有點太苛刻了；那時候我就開始相信 L 老師所說的話，我回任總經理已經指日可待了。」

我們很好奇的問 S 先生：「如果那時候您是專業經理人，不是創業者的兒子的話，還能有這種『等待成果顯現』的機會嗎？」

「不可能，」他回答得簡單扼要。「早就被幹掉了，哪有時間等。」

整軍立武

「您沉潛了有兩年吧？那段時間都做了些什麼？」

「除了沒事就找老師討論以外，我去上了EMBA的課，並招募了一群企管碩士進來幫我的忙。」

「能夠說說這群MBA進來後都做了些什麼嗎？」

S先生想了想，簡單地回答說：「幕僚。」

看我們有點疑惑，他解釋說：「L老師幫我分析過，他講得很有道理，他說勇盈化工過去沒有『幕僚』，一個蘿蔔一個坑，每個人都得負責事情，沒有人可以是閒著的。老一輩的人認爲幕僚就是閒差，光拿錢卻沒有責任，公司當然沒有必要養這種人。

「但L老師跟我說，首先我得爲企業未來『換血』做準備，其次，我得找人分憂解勞，不能事必躬親。

「我本來想找公司裡面的同事來幫忙，也比較省錢，但L老師勸我招募新人進來，他說公司裡面的員工已經習慣公司現有的組織氣候與文化屬性，很難有不同的想法。而且原來的同事跟其他人都有很多層層糾葛的消息管道；我剛被解職，不管我做好做壞，所有事情一傳出去都變成了壞事。

「L老師還說了，招募新人，我才有機會跟他們建立起『革命感情』。幕僚、新血、革命夥伴，以後的團隊……套句台語說，就是『摸蛤仔兼洗褲，一魚多吃。』

「他還要我去看了兩部大陸電視劇《康熙帝國》與《漢武大帝》，他要我學的是兩位皇帝接班前的用人布局，以及如何面對老臣。他很早就說過，反正我是獨生子，遲早我會再度接班，趁現在先學學，以後用得上。」

鳳還巢

「您再度接班已經有一年多了吧？能說說爲什麼會再度接班，以及接班後這一年多的過程嗎？」我們換個話題。

S先生回答：「等大陸業績越來越明顯的時候，爸爸跟叔叔就決定再度交棒給我，這次我可學乖了，上任之初馬上把那些ＭＢＡ分派到各部門去當特助，幫助現有主管處理業務。他們既可告訴我部門裡面的事情，也可以把我的一些想法跟各部門主管解釋。很多事情只要說清楚就可避免誤解，而且這些ＭＢＡ也可做接管各部門的準備。

「我重新接班以後就不再是『獨夫』，而是有自己的班底，有自己的消息管道，對公司裡面大小事情一清二楚。

「老董事長跟副董看到我對公司大小事情都瞭如指掌也很高興，以前我就是錯在信心太強，單打獨鬥，老是自我感覺良好，沒花什麼心思跟其他部門溝通，所以到處是雜音。現在不同了，公司主管都能夠透過助手知道我做些什麼，想些什麼，大家清楚就少了很多猜疑心，這才能讓老一輩的人眞正的『放心』。這幾個月，老董事長跟副董越來越少來公司了，我想這應該是一種放心的象徵吧。」Ｓ先生邊說邊笑。

「之後呢？」我們繼續問。

「之後？之後您們就來訪問啦。如果二度接班不成功的話，你們會來嗎？Ｌ老師說得對，時間會證明一切，很多事情都不必多言，只要做對的事情，掌握正確方向，事實自然就會呈現的。」

7

企業接班個案五

臨危受命

S 君臨危受命回到父親所創辦的公司，

接下最新的技術開發與服務，

負責軟體新事業拓展，

首先是新事業能不能做得好？

這已經是個巨大的挑戰，

再則還有肩負衆人對「接班人」的要求，

壓力一層上面又加了一層……

討論參考——個案中的S君（第二代）

●個案中的第二代一直在台灣讀到大學畢業，才進一步到國外進修，這跟一般企業老闆從小把第二代送出國當小留學生，或是念美國學校完全不同，這兩種教育方式對日後接班有無差別？

●如果您是S君的話，您會願意臨危受命全身投入公司中擔負力挽狂瀾的重任呢？還是希望繼續做自己的事業（興趣），保持公司最大股東的身分就好？

●根據媒體登載，廣達創辦人林百里兒子林宇輝曾說，他原本計畫在廣達接班，但發現「對大公司鬥爭文化適應不良」而離職，還勸父親要傳賢不傳子；但個案中的S君卻走不同的路，如果您是當事者的話，如何考慮？

●「傳賢不傳子」在什麼情形下才可能如此安排？適合台灣的中小企業嗎？

●您認爲B公司現在的董事長兼總經理黃董對S君的安排，讓他當總經理的特助，同時兼任（三年內不可能成爲核心的）新業務總經理，是基於什麼樣的考慮？是在協助（還是阻撓）S君接班？還是根本無關接班與否？您如何解讀？

●假設S君進入公司的眞正目的本來就是要逐步接任這家公司的負責人職位（而非

且戰且走）的話，您認爲S君最欠缺的三項能力（資源）爲何？有何建議？

●時間如果可以倒流，讓我們回到十年前的今天，您認爲當父親的應該如何「培養」S君的接班之旅，才不會面臨「臨危授命」（甚至是「臨時抱佛腳」）的倉促與高度不確定性？

●據調查，絕大部分的第二代都不肯接班，而S君臨危受命，是受誰的命？是受現在董事長的命（懇求）代父出征？還是受父母的命（期望），爲盡孝道？您有何解讀？

●您能爲S君提出一個量身訂做的「三年接班培訓計畫」嗎？該考慮什麼因素？優先次序爲何？

討論參考——個案中的創辦人E先生（S君的父親，公司創辦人，已退休）

●假設您是E先生，兩年前，在公司業績開始下滑時，當E夫人也想安排兒子去接班的時候，您會幫兒子S君預先培訓哪種人員或是建立他自己的班底協助他，以免他單打獨鬥？

●公司面臨業績連續下滑，如果您是 E 先生的話，您會不會重新回鍋，自己再次主導公司？（就像聯想、台積電一樣？）

討論問題——共同課題

據我們系列訪談後歸納出企業家培養第二代的方法有三種：

(1)在家族企業（集團）核心本業中就近看著他們成長，輔導他們逐步升遷，順利成爲接班人。

(2)讓第二代先出去獨立創業，或是「易子而教」去別家公司歷練，運作一段時間後再回來本業接班。（例如台達電董事長鄭崇華就是把兒子鄭平托付給台達電泰國負責人黃光明帶領，從基層做起，整整做了二十五年才回來接班。）

(3)讓第二代由家族企業的非核心事業（例如地區擴充、互補事業等等）開始，由外到內……

以上不同方法如果用到本個案時，哪種方法對 S 君現在所面對的情勢最有幫助？

個案介紹

盈沛電通

S君剛進入盈沛電通公司任職，不管未來是否能夠（或需要）接班，此刻的他都面臨極大的壓力與挑戰，因此他希望我們提供諮詢，並進行必要的輔導與人員培訓，這個任務就交給您了。

該公司的背景如以下個案所述。

未來接班人壓力浮現

「我是完全沒準備，沒想到會突然被安排重返父親所創立的公司！」訪談開始時，S君的臉上出現的第一個表情，他根本不必說出來，那誠懇但憂慮的眼神溢於言表。

整個訪談過程中S君都是一臉嚴肅，即使偶有笑容，也是硬梆梆的感覺，這可以理解，他現在的壓力很大，遠比自己創業期間每個月都虧錢的壓力還大得多！因爲這家公司是他父親創辦的公司，是業績連續下滑中的公司，而現在卻得靠他來力挽狂瀾，重振雄風。

要進入公司核心業務說得容易，其實自己只是單兵一個，無將無兵，自己過去創業時所做的都是軟體業與服務業，跟公司既有的ＩＴ產品委外代工，專注於通路商的經營方式完全不同，是另起爐灶？還是延續既有事業後再尋求發展？沒人能給答案。

無人可用是他現在面臨最大的挑戰。清朝的雍正皇帝接任前不但有好幾年可以歷練，身旁還有鄔先生可以隨時請教，提供智慧的抉擇，現在他只能單打獨鬥。

談到接班問題，事實上沒有人公開表明Ｓ君到公司內任職的主要目標就是未來公司的接班人，連他自己都不敢肯定這是他的任務。

在其他家族企業眼中，不管兒子能力如何，只要是當最大股東的父親有這個意願，兒子就必定能接班。但盈沛電通卻不是這麼一回事，因爲ＩＴ行業絕大部分都是專業經理人掛帥，而不是以創辦人的血緣爲考慮因素。

即使如此，在媒體以及旁觀者眼中還是普遍認爲Ｓ君之所以臨危受命，突然回到公司來，就是準備接班的！

事出有因，因爲過去創辦人Ｅ先生曾經多次在公司內部讚揚宏碁集團施振榮先生的做法，不但極力鼓吹企業應該交給專業經理人來負責，同時在當董事長期間也明確地遵循傳聞中的宏碁集團內規：「主管的配偶、子女，以及子女的配偶等都不得到公司核心事業內任職，即使到關係企業內任職都必須事先報備。」加上創辦人Ｅ先生退休時是把公司交給專業經理人黃董擔任董事長兼總經理的職務，爲什麼事隔多年後又由創辦人自己來打破這種慣例呢？如果不是爲了讓Ｓ君接班，有必要讓小孩回鍋？需要這麼折騰嗎？

事實上，Ｓ君從進入社會開始，就沒有打算會到爸爸所創辦的公司內任職，也沒有任何人期待他會被安排來接班！這種安排對他自己而言也是個「意外」。

Ｓ君臨危受命回到父親所創辦的公司，接下最新的技術開發與服務，負責軟體新事業拓展，首先是新事業能不能做得好？這已經是個巨大的挑戰，再則還有肩負衆人對「接班人」的要求，壓力一層上面又加了一層，可想像他所承受的壓力有多大。連Ｓ君自己都知道痛苦才將要開始，因爲公司裡面一切都得靠「實力」與「能力」，既沒有特權，也沒有關係，一切都得靠自己！

當我們問他說：「捫心自問，您希望自己是個『企業』的接班人呢，還是希望自己只當個『大股東』的接班人就好了？」

S君看著遠方，默不吭聲，似乎沒有聽到我們的問題。

訪談中，我們逐漸了解S君的背景，公司的現狀，也讓我們對S君與「單打獨鬥」增添了許多關心與擔憂，我們現在的課題是要如何協助他呢？

創辦人爲交班預做準備

E先生非常誠懇，第一次見面握手熱情有力，讓人印象深刻。

有關S君到公司來是否就是爲了準備接班？對這個問題E先生笑笑地說，我是創辦人，也是公司最大股東，S君早就是公司董事，現在到公司裡面來爲自己的股權跟團隊一起努力，對公司多些了解，這很好呀。

他表示，年輕人未來發展很多，而事情也得順其自然，勉強不來。如果S君願意擔負更多責任，氛圍也適合，那就會自然發生，他也會扮演該扮的角色。現在既不必預設立場，也無需自我設限。

我們提到以前E先生曾經說過公司應該「傳賢不傳子」，不以血緣爲接班考慮，現在是不是有所改變？

E先生笑笑地四兩撥千金回答：「您怎麼知道S君將來不會是個賢人呢？」

我們說：「讓我們假設S君就是要接班的話，現在的他進入公司裡面，是不是有點『臨時抱佛腳』，逼鴨子上架的感覺？」

E先生聽了很不以爲然地說：「首先這個假設未必成立；再說，他已經到不同企業中歷練好幾年，又在我旁邊學習一段時間，怎麼能說是『臨時』？」

我們回答：「首先，S君過去所做的都是在創業或是小公司內任職，他從來沒有在一個有組織、有制度，以專業經理人爲主的大企業中任職過吧？他也沒有賺錢的經驗吧？再其次，林百里先生的兒子林宇輝就曾說過，他發現『對大公司鬥爭文化適應不良』，所以選擇離職不接班；因此以S君過去經歷來看，他能夠應付大公司的鬥爭文化嗎？」

E先生回答：「我所設立的公司怎麼會有什麼『鬥爭文化』，荒唐！」

既然如此，我們換了話題，請教E先生對「接班人氛圍」的看法以及所謂「自然發生」又是什麼意思？

E先生提到了幾點必要的功課；第一、要去觀察組織氣候，看誰上來大家比較服氣，有點像是「衆望所歸」的那種感覺，尤其是一些關鍵同仁、意見領袖的意見，這得花功夫去了解；大家的意見都得問問，即使不同意見也得聽聽每位可能人選的優點缺點。其次，得看看其他股東看法。公司不是一個人說了算，還得看看其他關係人的看法。

最後還得了解一下，如果某人接班以後，公司裡可能的競爭者以及同事能否繼續合作？萬一有些關鍵主管因此離職的話，是否能夠擺平或是找到替代人選？這些都得預做準備，有確定把握才能因勢利導，發生得順利自然。

等人選確定以後還得有段培訓交班階段，這是後話。

國外大公司很多找外面人員來接班，例如 Yahoo 總公司的女接班人就是外找的，對此我們請教 E 先生的看法。

E 先生提到兩件事情，第一是公司文化問題，如果由外面人來接班，雖然有些事情可以立竿見影，雷厲風行，但新人對公司既有企業文化不了解，往往會有許多副作用，對公司內部主管也不公平。在他認爲，Yahoo 女主管最近的改變就會產生許多的「反彈」（backfire），他建議我們再看看。

E 先生認爲找外人來接班應該是公司面臨非常關鍵時刻，必須大刀闊斧全面改變，這時候找外面人來整頓比較合適，因爲外人沒有歷史的包袱，可以不顧情面地動刀。他不認為現在公司已經面臨這種情況。

至於S君，他更不認為是個「外面人員」！

他說S君過去雖然自己創業，並沒有在公司任職，但S君念書以及創業都是以軟體、服務業為主，他有相關專業學歷，又都是做相關行業，這正是公司新方向以及新策略所需要的人才與經驗，加上S君早就以董事身分參加董事會以及重要經營會議的討論，對公司過去幾年的發展，現在的挑戰與產業環境都非常清楚；跟主管也相互認識多年，對經營運作，企業文化都很熟悉，應該算是「自己人」才對。

訪談結束，雖初次見面，但其高度智慧、大度熱情、見解廣闊、眼光深遠，讓我們對E先生有深刻印象與好感。

面對產業鉅變的挑戰

黃董給人的印象就是冷靜，非常的冷靜，看不出一點情緒，說話也很簡短，不廢話，也不太說話。

這是什麼樣的人？我們很好奇，是謀定而後動，還是城府很深，不輕易讓人猜測得到？（不禁讓人聯想到，S君該如何跟黃董互動才好呢？）

在黃董口中，整個台灣IT產業已經面臨結構性與經營模式的改變，也就是所謂的「典範轉移」（Paradigm shift），語出一九六二年孔恩（Thomas Kuhn）撰寫的《科學革命的結構》（*The Structure of Scientific Revolution*），書中首先提出典範轉移的概念。所以大家都得調整策略，這種挑戰是全面的，並非公司獨有。

況且現在台灣資訊業連續虧錢的比比皆是，相對上公司業績並非站在後排，前兩年公司已經做過大修正，只是這種大船轉向並非立竿見影，得有些時間才能顯現效益。

至於公司業績連續下滑，合併營收比前幾年都差以及這幾年來獲利逐年減少，兩年前開始虧損等等；他也承認不諱。但黃董明確表示今年絕對比去年好，因爲許多新方向與新產品都進入成長期，今年應該會轉虧爲盈。

據我們資料研究，台灣IT產業面臨的挑戰包括：智慧型手機以及平板電腦的普及，甚至超越過去的個人電腦（PC）及筆記型電腦（Notebook），而公司過去策略有三，現在都面臨重大挑戰。

第一、公司主力產品一直都是以PC與Notebook爲主，在智慧型手機和平板電腦上著墨低於其他競爭者。

第二、公司核心業務是以經銷通路爲主的商業模式，在PC與Notebook年代這是通路主流，但智慧型手機、平板電腦似乎比較適合「直接銷售」以及與電信業者「結盟銷售」方式，和公司經銷商方式截然不同。

第三、公司過去都是以銷售硬體產品爲主，並未著墨於服務、內容，或是軟體事業，這似乎也跟過去兩年的服務、加値型內涵的潮流有所不合。

針對上述問題，公司現任黃董事長僅淡淡微笑，不置可否。

我們談到S君是創辦人長子，現在進入公司是否有接班意味?黃董對此表示純爲臆測，不可盡信。

在他看來，S君對公司多些認識當然是好事情，因爲S君以及創辦人E先生是公司大股東，大股東對公司了解和參與越多，將來對公司重大策略的支持度就會越大，所以他會盡力提供協助，幫助S君進入狀況。

除此以外，黃董一如傳言，冷靜、不太講話。

分析 S 君接班可能性

針對 S 君進入公司，內部當然有很多不同解讀與看法。有人說：「公司有一定的制度，S 君只有一個人能夠改變什麼？況且他負責的又不是核心事業，跟公司主要人員沒有關係，對其他人影響也不大。」

「S 君只是代表大股東來看看自己的資產吧？公司還是專業經理來管理的，不可能因爲他是創辦人的兒子就能夠呼風喚雨……事實上他剛來，沒有任何戰功就馬上當新事業部的總經理，這已經是一種特殊待遇的『空降部隊』啦，一般人哪有這種搭直升機的待遇？」一個經理不太服氣地表示。

有人說：「先當總經理的特助很好呀，可以對公司全面有個了解，總比來當『米蟲』，頤指氣使的富二代好吧？」

有人說：「先當董事長的特助就是讓你被孤立的意思啦！特助自己又不能主動找事做，得由總經理指派工作才能去做，你想想看 S 君對董事長是個威脅耶，他怎麼可能給特助什麼好康的事情呢？」

有人說：「其實 S 君這時候進來公司是個好時機，因爲公司已經好久沒有賺錢了，大家壓力都很大，總得有個什麼大改變才行，S君這時候進來正好把所有的期望與壓力都轉移到他身上，反正他是大股東的代表人，照理說當個『磨臼心』（台語，指的是磨米石磨當中那個轉動軸，那是承受所有石頭壓力的核心）也合理，這樣還可以讓其他主管喘口氣。」

「很好呀，虎父無犬子，既然是E先生的大兒子，耳濡目染，加上他過去幾年也都跟爸爸見習很多了，總有特殊之處，我當然樂觀其成。」

「幫忙？當然要幫呀，我們都是老董事長帶進來的人，不看僧面也得看佛面，而且現在董事長黃董也公開要我們全力支持呀！」

「您問我是否會袖手旁觀？哈哈哈！不至於，不至於，我何必得罪E先生。」

但也有人不以爲然地說：「要不是因爲公司近況不好，哪有機會讓S君進來？你以爲現在的黃董事長是眞的歡迎S君來呀？你看吧，等公司一開始賺錢，S君就沒有什麼份量，也沒有什麼講話的餘地了！等公司由谷底爬升以後，S君說什麼也沒有人要聽的啦，怎麼可能接班？」

有人說：「現在團隊跟S君都沒有什麼交情，也沒有當過戰友，既然沒有一起打過仗，沒有革命感情，最多看在創辦人面子上，給些幫助，要眞的利害相關就難講了。」

「服務業有那麼好做嗎？現在是兵家必爭之地耶，所有人都在談，都在做，台灣ＩＴ業者人人都在往這條路走，那麼多財大氣粗的大公司投入，Ｓ君資源夠嗎？支持度能跟大公司一較長短嗎？我並不看好，他連新事業都自顧不暇，哪有可能參與核心事業？遑論接班！我猜Ｓ君做不了多久就會像『甄環傳』裡面的華妃一樣，馬上就被移到冷宮了。華妃有個哥哥年羹堯撐腰都還不能做皇后，Ｓ君也不可能靠創辦人的庇蔭就接公司的班啦。」

有人說：「您聽過『獨木難撐』吧？就是這個樣。」

有人說：「接班？當然！不過我看到頭來Ｓ君只能接大股東的班，不是接董事長的班。這是一個專業經理人管理的公司耶！跟創業者兒子沒有什麼關係吧？」

訪談過公司部門主管後，我們又專程去請教著名的接班人培訓顧問Ｌ先生，請他分析Ｓ君接班的看法。

他倒是非常樂觀，他說：「Ｓ君由服務軟體業著手而不躁進，不立刻切入公司核心事業，由策略來看，這是高瞻遠矚的安排；既不會踩到別人的痛腳減少排斥，又可不受干擾，正好狐假虎威，借（公司）力使力來開創新事業。

「新事業（指的是軟體服務）必須掌握核心技術、通路策略以及人才培養三大關鍵，這才是最難的，S君經驗都在這方面，由這方面著手，這是發揮所長。

「至於既有核心事業的接班，那根本不成問題，日後隨時都可以切入，既然是專業經理人主導，就很容易找到夠資格的『管理人』來接班，所以接班方面應該是比較容易的。在我看來，S君可以藉『特助』的身分從旁觀察，既了解公司業務，也可在參與公司董事會、經營會議中找到年輕一代的千里馬；一旦找出關鍵人物，要出手接班幾乎可以是觸手可及呀！」

我們問到：「很多人說公司如果今年業績好轉，S君就不可能接班，您認爲如何？」

L君笑笑，搖搖頭說：「鼠目寸光，此之謂也。即使公司今年業績好轉，但核心事業還是代理硬體產品的話，終究與大勢違背，走不出個所以然，遲早得轉型到軟體與服務加值行業。你看IBM好幾年前就看到這個大方向，早就把賣電腦、硬體製造維修服務，銷售通路等等事業全部賣掉，整個公司大龍轉向，完全轉到軟體服務業，現在脫胎換骨又是一條好漢。

「IBM多麼龐大的公司，早就看到這個大趨勢了，說變就變！這就像是老鷹一樣，叱吒風雲四十年後要嘛就死掉，要嘛就得自己用嘴巴把羽毛一根一根拔光，然後忍著痛把自己的鷹嘴在岩石上敲掉，經歷這樣的痛苦蛻變，才能長出新的鷹嘴與羽毛，之後又可以飛龍在天，又有四十年好光景！

「等公司發現不脫胎換骨不行的時候，S君已經穩坐泰山，好整以暇，那時候接班不是名正言順，水到渠成嗎？哈哈，S君的爸爸E先生是個下圍棋的高手，早就了然於心，只是不說出來而已。」

聽到這裡，似乎S君未來一片大好……但有這麼輕鬆嗎？

我們滿臉狐疑，還沒開口，L先生邊站起來邊說：「這講起來輕鬆，但S君還是有三大挑戰的！第一，現在的軟體服務業能不能做出績效來？再來就是他能否有『知人善任』的本領？不過後者他爸爸必然會給幫助的，第三、就是培訓出自己的核心團隊。前後兩者都得自己一步一腳印地走出來，沒有捷徑，這才是他真正要面對的挑戰，其他閒言閒語，絆手絆腳的都不必在意，不是問題的呀！」

八卦消息

另外，據可靠消息顯示，S君的其他長輩在三年前公司面臨業績壓力，獲利下滑時候就開始主張讓S君參與公司的經營，培養S君成為接班人，對此S君的母親頗為贊成。

這些長輩的想法很直接，第一、E先生一生都貢獻給該公司，所有資產也都在該公司，讓兒子為自己的資產打拚也是天經地義的事情，再則，E夫人雖然沒有在檯面上，但公司創業成長的三十年當中E夫人也是鞠躬盡瘁，全心全意地輔佐E先生，照顧所有同仁，因此公司有今天，E夫人也是功勞很大，可以說是超過任何專業經理人都不為過。現在公司面臨困境，雖然黃董說今年可以轉敗為勝，但這種說法也不是第一次，已經三年多了，公司還是沒有「逆轉勝」，與其坐視不管，不如派自己的小孩來深入，既然進入當然就要有接班的打算。

長子接班的慣例

在訪談S君之前，我們先請教過IT業的朋友，據說讓老大接班向來是台灣本土企業不成文的做法，所以家族企業的長子從小就被細心培養，每一步都是安排好的，目的就是讓接班順利。

外人看起來這些第二代含著金湯匙出生，衣食無缺不說，生活有人照顧，連事業都是預先安排好的，這種幸福生活羨煞人等。

但對當事者而言，當所有人事都有既定安排的時候，卻時時刻刻都必須承受衆多「關懷」的眼神與高標準的要求，說到這裡讓人想到電影《眞善美》裡面男主角對小孩的軍事化管理場景就浮現在眼前。

二〇〇五年三月，大同公司創辦人林挺生的長孫林建文，因爲無法承受接班壓力，服藥猝死，引來社會一陣錯愕。

媒體描述的文字摘錄如下：「許多人強調，林建文完全沒有小開的架子，倒是常感到深層的接班壓力。林建文以三十歲的年輕生命過世，倒是透露出企業豪門接班深層的無奈與辛酸。八十六年的大同集團，總資產超過二千億元，向來以嚴格培訓接班人著稱，由於林挺生作風嚴峻，小女兒林修寬曾因壓力過大自殺；而長媳林郭文艷對第三代接班人建文期望特別深……和部屬開會也會要求林建文全程陪同，甚至中途離席，訓練林建文的決策判斷力，愛之深，責之更切，林郭文艷期待長子接班，卻最後換得一個牌位，企業豪門接班箇中辛酸，只有企業接班人心裡清楚。」

但台灣ＩＴ業倒是個異數，因爲資訊業長久以來的慣例是「專業經理人」主導，而非「第二代接班」。原因衆說紛紜，但宏碁創辦人施振榮先生的「傳賢不傳子」應該是塑造IT這種異數的主要原因之一，他在自己六十歲，還是一尾活龍時，把龐大的集團一分爲三，交給三位專業經理人，自己從此退休，改專注於創投，這種大度與遠見堪稱「前無古人」。不僅如此，IT產業中其他跨國公司，例如鴻海、仁寶在二〇〇四年先後都明確在媒體表達「傳賢不傳子」的接班布局（2004/10/22 聯合新聞網）。

另外一個原因就是IT行業成長快速，加上技術與市場的變化莫測，天天都是需才若渴，而且公司在快速成長過程中，不同階段需要不同的專業經理人來負責，除極端少數人天縱英明之外，幾乎沒有人能夠成爲「永遠的負責人」，因此讓專業經理人負責，經營權與所有權分開應該是IT業的慣例；所有權可以接班，但經營權很難傳給第二代；這應該是IT業跟其他行業（尤其是金融業）特別不同的地方。

IT業的員工分紅入股也是一大原因，讓專業經理人與員工可以透過分紅、發放股票股利，以及員工低價認股三種方式來取得公司股份，創業者的股權逐年稀釋，十幾年下來後，經營團隊所擁有的股權往往可以跟當初創業者的股權旗鼓相當。這也是IT業跟其他傳統行業不同之處，連帶也讓過去創業者對接班人的決定可以跟過去皇帝選太子一樣的「乾綱獨斷」的絕對權消失。

S君的接班之路

S君大學畢業後去國外留學，之後在美國打工過一段時間，回台灣以後就自己創業，資金由父親E先生提供，從開發市場、設計產品，一直到跑業務，統統要自己來，挫折不算少，可惜兩年多以後公司還是沒有依照計畫發展，錢也燒得差不多，只好認賠收攤。

後來S君經由父親介紹到E先生所投資的一家X公司當副總經理，E先生希望兒子跟在他身邊學習，S君說他是從那時候才開始了解到，創業光有熱情不夠，關鍵是能夠賺錢！但X公司雖然做的就是軟體服務，到創立至今已經好幾年了，還是賠錢中，從未獲利。

也就是說S君還沒有眞正成功過，但經歷過的挫折不少。S君就是在這種情形下進入了本公司。

一般人都是把小孩送去當小留學生，但E先生卻讓S君在台灣求學，而且童年時，公司規模還沒有現在這麼大，所以S君也算不上「富二代」，他的童年就和一般小孩一樣，根本沒有任何「接班」的壓力。E先生雖然事業順利，但非常低調。即使後來公司很成功，但一直跟台灣許多白手起家的創業者一樣，生活儉約，從來不以「豪門」自居。

事實上E先生與S君都表示當初根本就沒有想要S君來公司任職，更不可能想到接班與否，今天這種安排，並非預先計畫，只能說是一種因緣際會的巧合而已。

8

企業接班個案六

整碗端去

她們同時被同行高薪挖角了！突如其來！

是用高薪留人呢？還是另找高明？

全部留還是部分留？

新人多久能上軌道？

會不會把客戶關係都一起帶走？

會不會對公司以後增資募款有所不利？

討論參考

●您認爲個案中的E董事長（或S小姐）該如何導入與「安排」專業經理人，才能避免個案中提到的困擾，進而對公司最有利？

●如果時間可以回頭，回到剛收到「企業診斷報告」時，E董事長就來找您諮詢接班人培訓的課題，您會如何規劃與建議？跟本個案敘述會有何不同？

●如果您是E董事長，您對專業經理人跳槽時所提的要求該如何處理？

●面對個案情況，您會建議E董事長如何培養接班人？以後S小姐該如何面對（與預防）衆多專業經理集體跳槽（被挖角）的情況呢？

個案介紹

晶盈珠寶

女兒接班歷程

晶盈珠寶創辦人獨生女S小姐自己都承認，她跟在爸爸旁邊見習了六年，還是難以接班。

她說接班這幾年來自己在公司裡有著「千金」的光環，但動輒得咎，偶爾做得好也沒有人稱讚，總是有人會說這是「靠爸族」，稍微有點不如人意，馬上就被稱爲「敗家女」。過去五年回想起來還眞算得上是一種「灰燼、貶抑與憂傷」（引用裕隆接班人嚴凱泰的自我形容詞）的日子。

晶盈珠寶是由E董創立於十年前，那時候E董就知道得趁早有計畫地培養公司接班人，所以創業初期就把女兒送出國留學，大學畢業後又進入美國珠寶鑑定學校學習專業鑑定，等拿到正式資格後才回國當爸爸的特別助理，六年前正式進入接班見習。

一開始，E董安排女兒由網路市場開始著手，因爲那屬於全新的通路，公司裡面沒有人懂，也不會踩到任何人的地盤。

S小姐很認眞，運氣也不錯，她透過網路行銷以及臉書的粉絲團經營逐漸在網路族群中打出知名度，業績在一年後開始逐步進展，有些月份的銷售額還可以超過新台幣百萬元。

E董很高興，四年前又讓S小姐開始參與公司董事會與經營管理會議，同時讓她更廣泛、更深入地接觸不同業務；不但銷售、後勤各部門內部會議要去參加了解，連不同部門間的配合會議（interlock）都要求S小姐對重要事情表示意見。

S小姐從這時候開始感覺到時間不夠用，對各種新事務的知識（domain knowledge）也不夠，爸爸要她做決策時，她的心理壓力越來越大；等到公司更換企業資源規劃（Enterprise Resources Planning）電腦系統的時候，E董要求S小姐親自主導系統更新與轉換；這本來是好意，讓S小姐可以藉此了解每個部門的細部作業、主辦人以及合理化過程的參與；但ERP導入比想像中複雜得多，S小姐不但得繼續負責網路業務，參加部門會議，還得主持電腦系統導入，分身乏術，越過越累，開始打退堂鼓，有點不想接班了。

她自己形容說：「爸爸創業是由小到大，好像一個人由走路，到跑步，進而踩兩輪的腳踏車，然後到開四輪的轎車，然後才開始開拖車、連結車……這一路走來也花了十年才逐步漸進的！而我的接班卻是短短一年半載就要我馬上開拖車、開連結車！我連適應期都沒有，更不要說學習新東西了。

「就拿ERP系統來說吧，不但要引進新作業，往往還得更改舊的作業方式，得跟每個部門討論修正。哪有人會喜歡改變原來的作業方式呢？所以我得一個一個去了解，自己都還不清楚該怎麼做就得做決定，還得一個一個去說服。公司同仁對作業方式的改變在開會討論時都不發言，會後卻又耳語不斷，非常困擾。我的專業是珠寶鑑定，不是學ERP的，要我做這些『雜事』實在是吃力不討好。

「公司ERP進展有限，花了半年多，只導入第一期的帳簿系統後就停擺，到現在已經停滯超過兩年。」

S小姐又說：「網路銷售是我創立的，本來也沒有人會在意，讓我自己自由自在，從無到有；但等我業績做到百萬元以後，原來的銷售管道又開始抱怨說我撈過界，破壞他們的通路策略，還說我是跟自己人低價競爭！每次碰到這種矛盾，爸爸就要我自己處理。你說，我怎麼處理呢？這種虛擬通路與實體通路的競爭本來就不可能避免；加上佣金計算跟每個人的獎金相關，這是本質上的矛盾，加上人為情緒，更難處理。

「即使我做了決定，也不算數呀，還是得跟每個部門主管說情講理，我哪有這種時間去一個個說明？說了他們也不會聽；所以每次爸爸要我做決定，都是讓我當惡人，還要我去跟每個主管『摸頭』，他們年紀都比我大，資歷也比我深，我怎麼去安撫？最後還是得爸爸出面；這下又得挨罵，說我這種小衝突都處理不好，還影響人員士氣。什麼跟什麼，我也不想做這種事情呀。前幾天有人建議我：『不要親自接班！找專業經理人來接手各部門，我只要做自己喜歡專精的事情，眞要接班就接粽子頭就好！』

「我聽了很有道理，所以決定跟爸爸正式攤牌，說我做不到『全面接班』，最多只能用『分工合作＋粽子頭』的方式來接班；要是爸爸不同意，那我就退後一步，只當個珠寶鑑定專家兼大股東就好了！」

企業診斷報告

因為Ｓ小姐這幾年接班結果不順利，而且不肯繼續下去，Ｅ董非常心急；他找了企管顧問給晶盈珠寶進行企業診斷，針對接班人的養成與選擇給些建議。

企管顧問給E董的分析與建議有兩個重點。

第一、晶盈珠寶內部雖然人才濟濟，但具備全面願景的格局、整合人員的魅力與技巧，還要能夠承擔高風險決策，具備幾分「繼往開來」霸氣的接班人完全不可能！即使找專業經理人也不可能達到這樣的要求。

報告中建議E董既不需要期望女兒S小姐成為十項全能的接班人，也不必期望由外界可以挖角一個全能的專業經理人來接班。

第二、報告中建議晶盈珠寶必須先簡化「組織領導人」的工作內容，逐步將「人治」轉變為「法治」。逐漸以組織的制度、流程，以及適度授權來取代領導人隨機應變式的個人研判與決策，之後再談接班人的培養就容易得多。

針對第一點，企業診斷報告中指出，晶盈珠寶是由E董從無到有、親手建立的，在創業過程中，逐漸形成現有的管理團隊，由於過去十年來大小事情都是由E董親手親為，靠他個人的高瞻遠矚與決定而建立起來；其他主管在公司內的年資雖然很深，經驗也久，但已習慣配合E董，最多只能做到「互補」的角色，不可能會有人提出不同的意見。過去十幾年，晶盈珠寶能夠成長是因為E董本身能力好，資金都是自有，無需與他人討論，所以其他主管既不需獨自面對環境挑戰，也不必要面對重大決策，更沒有機會參與調解複雜的人事紛爭；凡是大事情就往上呈報，由E董自己決定。

事實上E董也習慣（喜歡）這種運作方式，比較簡單有效。報告中指出，十年來已經使晶盈珠寶的組織氣候形成「強者領軍」、「一言堂」的企業文化，主管習慣只扮演輔助性質的「幕僚性格」，並無獨當一面的習慣與勇氣。

報告中也提醒公司，要建立制度並非一蹴可幾；因爲晶盈珠寶過去十年來都是以E董爲核心的決策方式，也就是「人治」爲主，好處是靈活而有效率，就是E董這種特性才讓晶盈珠寶可以逐年長大，而且這種「兵來將擋、水來土掩」的工作型態也符合E董的個性。但爲了未來繼續成長，可以「放大而不失眞」，公司應該開始建立制度化。

報告中並建議公司制度不可能靠自己以由下到上的方式摸索出來，否則可能會疊床架屋，於事無補，應該考慮找外面顧問提供協助，以上到下的方式把公司的制度與作業程序合理化，然後再招募專業經理人來分層負責，經過這些階段再培訓接班人就會順利得多。

漸進式引入專業人才

E董認爲這個診斷報告雖然說得很有道理，但對聘請顧問協助建立制度，以及僱用多位專業經理人來執掌各部門的建議，還是擔心費用太高，效果也還難說，因此有些存疑。

但女兒S小姐堅持公司應該開始聘請專業經理人，至少可以幫助E董以及S小姐分擔，因此E董決定先僱用一個人看看。

根據E董的說法，這種引入專業經理人的事情不能太快，因爲僱用太多外人會有高成本與高風險，還是先「摸著石頭過河」且戰且走比較好，因此三年前討論後決定先引進一人，看看專業經理人到底能不能幫得上忙再說；至於制度建立，還是等新人來了以後再逐步改變會比較務實些。

同時E董也開始改變自己所扮演的角色，他表明日後只負責「不確定」的事情，其他「確定」的事情都採用分工方式，讓女兒S小姐負責採購，新來的專業經理人張副總負責行銷與業務，而公司原來的總經理黃總則繼續負責財務、人事與行政支援，這樣自己只要參與跨部門間的協調與統合就可以了。

專業經理人PK企業文化

專業經理人張小姐三年前進來公司，很快就進入狀況，對通路安排、珠寶樣式選擇、銷售搭配等等很快產生貢獻，唯一讓人有些煩惱的就是跟公司其他主管相處得不太好。

問題出自幾方面，首先是薪水問題，這也是最敏感最現實的問題，牽扯到公司每一個人的神經。

張小姐一來就掛副總頭銜，在公司裡面很多人都感覺不太舒服，因爲公司過去從來沒有空降部隊，每個人都是從頭做起，年資到了以後只要不出錯就會逐步升遷，晶盈珠寶過去幾年業績與販售通路、旗艦店都陸續展開，所以大家知道只要年資到了，自然會有自己的舞台。

張小姐空降下來就當上副總經理，一下打破了公司多年來的「升遷潛規則」，但這是董事長自己的決定，大家過去都習慣聽老董的，所以不高興也只能算了。

但薪水問題就不是頭銜問題，而是有「本質」上的影響。據側面了解，公司創立以來薪資政策向來都是用人很緊，每人得做好幾樣事情，其實月薪也不比業界多，每年只是根據業界水準與物價水平調升，但過年時每個人都會拿到董事長私下給的績效獎金，十多年來相安無事。

而張小姐是透過獵人頭公司挖角而來，起薪不但超過四百萬元年薪，而且是全公司最高的一位，比董事長自己都高，還有業績獎金。表面上說公司員工薪水保密，但每個主管都知道張副總薪水高過自己好幾倍，對張小姐拿這麼高的薪水，人人都很不以爲然，議論紛紛；主管會議時多少會有些酸葡萄的話語出現。

其次是張小姐只講績效不論理由，要求每個人做年度計畫、季度計畫，還訂下每個人的績效指標，引進關鍵績效指標ＫＰＩ（key performance indicators），加上每個月檢討業績，只要不合ＫＰＩ指標就挨罵，連續三個月業績沒有達標，馬上留校察看一個月，再不行就解僱，冷血至極。晶盈珠寶過去沒有這麼絕情過，做事做人總得講些人情吧？但張副總就事論事，毫無通融，她來幾個月，業務部門氣氛跟以往就截然不同，每天早晨會報人人緊張，連走路都是小跑步，深怕遲到被「釘」，更怕業績沒有達標被炒魷魚；其他還有張副總對部屬簡報內容當場發脾氣，讓人下不了台的事情也常發生。

這些情形過去都不曾發生過。

Ｅ董到處都聽到對張小姐的抱怨，但公司業績從張副總來以後卻是明顯提高，所以E董也只是口頭安撫大家，沒什麼實質動作。

晶盈珠寶公司裡面很多人都說台語，連開會時候也經常是正事討論用國語，討論完後大家自然改說台語，開會氣氛和諧得很。但張小姐在台北市長大，台語不太輪轉，又喜歡在說話中夾帶幾個英文字，公司裡面除了採購單位必須會說英文外，其他人英文都不太好，這下開會讓人感覺很彆扭。E董事長英文還可以，而S小姐英文當然很好，他們三人有時候還會用英文對話，這下讓公司資深員工更不舒服，認爲自己逐漸被疏離了。

新人PK舊人

最近的衝突來自張小姐與公司總經理黃總之間。

黃總在公司年資很深，待人和氣，EQ很高，雖然掛名總經理但主要工作還是財務與支援性質，並不管採購、業務。張副總來以後對黃總經理不太搭理，所有事情都直接跟董事長和S小姐報告。

黃總知道自己雖然掛總經理頭銜，但根本管不到張副總，反正彼此保持距離相安無事；後來張副總要求改變新人招募程序，以及業務部門獎金計算標準，這下讓黃總非常爲難。他認爲張小姐只顧自己部門，根本沒有考慮到公司整體，一改新人招募，再改獎金計算會讓公司所有部門主管都不高興，這可是傷筋動骨的事情，所以不同意張副總的要求。

張小姐根本不跟黃總經理商量，直接就向董事長告狀。

E董其實也不知道該聽誰的才好，獎金計算還可以照張副總要求，只對業務部門做改變，其他部門還是照舊；但新人招募程序改變就讓人很頭大了。晶盈珠寶創業到現在，公司員工很多都是創業元老家人或親戚，大家都信得過，所以員工招募透過主管或是朋友介紹也無可厚非，但張副總要求建立新進員工公開招考，正式面試，要考筆試，要做心理測驗，還要經不同部門主管的口試。黃總經理認爲設立招募制度也算是合理的，但總得逐步推行，不能張副總一說就立馬執行吧？

E董也知道，黃總跟張副總其實是拿這個「招募程序」來彼此較勁，所以自己偏誰都不好，只能找女兒S小姐來商量。

S小姐對這種事情也沒有經驗，但總覺得公司必須逐步建立制度，不能老是人治才對。黃總平常都是跟爸爸打交道，與自己沒什麼交情，反而跟張副總比較談得來，所以態度上面傾向張副總的要求。這下讓黃總經理很不高興，認爲自己的總經理地位受到挑戰；而張副總從此更不搭理總經理了；兩人在公司碰面，彼此都裝著視而不見。

兩人相安無事過了半年，張副總感覺公司裡面很多部門主管以及同仁對市場趨勢以及客戶應對都不了解，業務部門跑得很快，但其他部門卻慢吞吞，沒有辦法配合業務部門的節奏，甚至有幾個客戶都因爲財務部門不能配合付款方式，或是客服部門應對不好而收到抱怨與取消訂單的事情。張副總跟董事長抱怨了好幾次，她認爲晶盈珠寶如果只有業務部門跑得快，其他部門成爲絆腳石的話，會影響到業務人員的績效獎金，對公司未來很不利。

她跟董事長抱怨說：「公司人事部門只做人員招募，每個月發薪水，其他就沒有什麼事情做，連員工平常訓練都有一搭沒一搭，根本沒有安排售後服務訓練，也沒有高階主管的培訓，更談不上人力資源發展，根本無法跟同業競爭。」她建議Ｅ董事長應該更換公司的人事主管，找更有能力與經驗的人資協理來主持人力資源發展與培訓，同時也可幫助公司與Ｓ小姐培養未來的團隊。

其實她沒說出來的是，她也很擔心自己在公司的前途。因爲她在公司裡是個「獨行俠」，除了Ｓ小姐以外幾乎沒有人可以講話，除了本身業務之外，公司很多動態與小道消息她都不知道。

此外，張副總發現自己來到晶盈珠寶這兩年來，每天都在付出，根本沒有充電的機會，每天都在放電，都在教導其他人員如何銷售，如何做通路管理，如何開發網路虛擬商店，如何跟大通路商打交道，都是在用自己過去的關係，用自己過去所累積的經驗，照這樣「只放電不充電」的情形發展下去，三年後自己就沒什麼新把戲，到時候老闆一翻臉，自己還不是被掃地出門？她也想有進修機會，更想趁機引進幾位在外商待過的專業經理人，多些「同類」，互通訊息。

E董與S小姐討論後認爲也有道理，而且也符合當初顧問老師的建議。但公司對人資主管的要求不清楚，透過獵人頭公司招募費用要幾十萬元，實在太貴，乾脆請張副總介紹朋友進來，這樣彼此有個了解與信任，又可省錢。

專業經理「群」

H小姐就是這樣在兩年多前進入晶盈珠寶的，因爲她在外商人資部門多年，所以一進來當然就擔任公司人事主管，職掛協理。對人事事務駕輕就熟，所以H協理的績效也是立竿見影。

很快的，公司因為業務逐步成長，銷售點也擴充到中國大陸，資金開始緊張，必須找創投或投資公司入股。公司資金向來都是Ｅ董自己安排，過去他以公司累積的盈餘來發展也還足夠，但近年來每年都在擴充，只靠公司的累積盈餘已經不夠，開始出現捉襟見肘，必須往外找錢。但公司內部沒有人有對外募款的經驗，募款以後如何做資金與財務規劃，這些也都超出公司過去財務部的能力，算來算去還是得另外找財務部門主管才行。

Ｆ財務協理就是這樣由張小姐介紹進來公司的，同樣省了獵人頭的幾十萬元費用，同樣的一來就上手，公司現有資產狀況、未來三年現金流動、業務機會與資金需求等等，在他進公司不到三個月馬上清楚地把公司財務需求規劃出來；不但如此，他還認識很多投資者，處理投資人的詢問也很有經驗，Ｆ財務協理的加入讓Ｅ董事長放心多了，公司業績看好，順利達成第一次對外增資。

接著就是企業資源規劃（ＥＲＰ）的繼續導入，前一次只導入帳務系統，其他功能都沒有，花了大錢卻沒有效果，現在公司規模越來越大，沒有ＥＲＰ系統實在無法處理各式各樣的訂單、庫存以及售後服務；Ｃ資訊協理也就是因為這樣的原因由外商跳槽到公司來的。導入ERP系統必須跟各部門主管以及作業人員有密切的討論，經常還得更改現有作業系統來配合ERP系統的作業方式，導入過程人仰馬翻，碰到很多現有主管與作業人員的抗拒，公司花了很多錢，不但找外面的顧問公司協助輔導，還陸續挖角幾位ERP專業人員才得以順利進行。

這時候距離當初業務張副總進來公司，已有三年了，公司正在逐步壯大中。E董事長本來也很放心，沒想到上禮拜發生的一件事情，讓他開始坐立不安。

回火（backfire）開始冒出頭了

前幾天E董事長約我們見面，花了兩個多小時才聽他把這幾年的故事一口氣說完，他總結說：「當初是要女兒接班，花了五、六年還是接不了，三年前開始找張副總進來分擔業務，之後要解決人事發展而找了H協理，又因增資與財務規劃找了F財務協理，之後不到半年又因ERP導入加了電腦主管，現在回頭看看，創業的老夥伴沒剩幾人了，公司現在除了採購外都是這三年來招募的專業經理人在負責。

「專業經理人是好用，其實我多少也有點擔心，公司越大，這些專業經理人越多，會不會反而讓公司越來越難管？我很擔心女兒能否帶得動這些主管？況且我女兒早就說過只想做自己喜歡的事情，不願意這麼累。要接班也得是『粽子頭』式的接班，不可能自己『撩下去』的啦，伊是蓋好命ㄡ（台語）。」E董搖搖頭說。

「擔心歸擔心，也還好。直到昨天張副總、H協理，以及F先生一起跟我提了辭呈，三十天後就走人，他們同時被同行高薪挖角了！突如其來，我還眞不知道該怎麼辦！這兩天都沒有睡好，是用高薪留人呢？還是另找高明？全部留還是部分留？新人多久能上軌道？張副總會不會把客戶關係都一起帶走？財務的F先生對公司未來資金需求很清楚，他走的話會不會對公司以後增資募款有所不利？」

「那您有沒有跟這幾位主管談過留下的可能性呢？」我們問E董。

他說：「有呀，他們幾個人要同進同出，如果要留下來，希望我把公司股份讓給他們一五％到二〇％，還得把薪水與分紅都提高得比別人給的要高一〇％才行。」

「爲什麼要高一〇％？同樣價碼不行嗎？」我們很好奇。

「他們說我加薪是在別人已經出價之後才做的，當初如果別人沒有挖角，我也不會調整薪水，因爲我不夠尊重他們的價値，除非加碼不然還是會走人，」E董嘆了一口氣繼續說，「這些人眞是現實，眼裡只看到錢！」

「股份呢？公司現在不是已經有外面股東了嗎？讓這些主管有公司股票也可以增加歸屬感呀。」

「但他們想買的價格跟當初投資者買價一樣，這不公平呀！當初投資者進來的時候，公司業績還沒有現在這麼好，市場占有率也沒有現在這麼大，現在的股價不應該相同的呀！而且我也不想賣股份給她們。

「你想吧，外界股東只在股東會上有發言權，不會干涉到公司內部管理與方向，如果這些主管都有股權，以後在公司裡面萬一有什麼看法不同的時候，他們算是股東身分呢？還是部屬身分？而且他們擁有公司所有營業機密，這跟外面股東只有年度財務報表資料不同呀。坦白說公司股票給外人比較單純，給自己主管反而會有很多顧慮的。」

「這幾位主管對股份要求有什麼樣的說法呢？」

「他們說公司這兩年業績成長，公司價值提高主要也是靠他們這幾人，所以要求一五％股份並不過分，他們自己說股票是出錢買的，不是免費，很理直氣壯的呀。」

「那您認爲呢？」

「公司能夠成長當然跟他們加入有關，但最主要的還是得靠公司整體配合才行，績效並不是兩、三個人就可以創造出來的。不然他們自己爲何不自己去創業呢？就是看在我們公司已經建好基礎，有舞台讓他們發揮，不然能力再好也沒什麼表現機會吧？公司有今天的成長是大家努力的結果，因此要求一五％的股份是有點太過了。

「何況這幾個人以後對公司能不能有這麼大的貢獻還不知道哩！給股票是要看未來，不是看過去！

「還有呀，等公司上市上櫃，他們想必還會要求發股票股利，再加上員工認股價錢比較低，久而久之，豈不是持股比率會越來越高？你看看台灣資訊業，很多公司不都是這樣運作的？那些主管本來只是應聘的員工，開始有股票分紅後又有員工低價認股，不到幾年，股票滾股票，公司反而變成經營團隊在主導，原來股東反而成爲局外人了！還只能自我安慰地說是『快樂的股東』？這說不過去吧。

「我當然也擔心，這次勉強留下來，等到下次再有人挖角又該怎麼辦？要如何處理他們手上的股票？買回吧，價格怎麼算？我臨時也不一定有這麼多現金，如果不買回，豈不是讓他們帶著公司股票去競爭者那邊嗎？

「還有，公司現在情況看好，當然他們都想持股，萬一公司碰到『度小月』呢？到時候還不是趕忙跳槽，一走了之，搞不好還逼我原價買回他們手中的股票哩！想來想去，我還是不想把股票賣給這幾個人。」

「但是那麼多人一起跳槽，也很讓人頭痛的呀！」

「是呀，不然我找您們幹嘛？」E董邊說邊搖頭。

我們問E董說：「您剛剛說過，用『保密條款』，還有可以用『競業禁止』要求他們不得洩漏公司機密的吧？」

E董事長說：「這個我都問過律師了，理論上當然都可，但實質上『莫好用』（台語）。當初這些專業經理也是挖角來的，現在他們跳槽了，我們就翻臉告他們？這說不過去吧。還有我們又如何證明他們會用不正當手段競爭呢？律師說了，『舉證之方就是敗訴之方』，所以說歸說，不是很好用。」

「那只剩下加碼留人嘞？」

「剛剛說過，這只好用一次，下次碰到跳槽呢？還是沒能徹底解決呀。」討論來討論去，似乎沒有個清楚的答案。

最後E先生很疑惑地問我們：「現在想想，到底是我在用專業經理人？還是專業經理人在用我呀？照這樣看，我女兒還能接班嗎？公司會不會被這些專業經理人『整碗端去』呀（台語）？」

走後久久，我們還是無法回答。（所以必須請教您的高見了！）

9
接班的自我培訓方案

AKMS 模式包括認知（awareness）、知識（knowledge）、
激發行動（motivation）以及技能培養（skills）四階段，
根據學習的過程，幫助一個人破除「知易行難」，
又解決「知難行易」的兩大關卡，
然後很自然地邁出「即知即行」的第一步。

我的一位好朋友高維新先生，他在中國大陸開設培訓事業已超過二十年，現在是上海最大的培訓機構「美國管理協會」大中華區總裁，他根據卡內基美隆大學（Carnegie Mellon University, Pittsburgh, Pennsylvania）將學習理論修改後推展出一套簡潔有效的AKMS模式（AKMS model）。

AKMS模式包括認知（awareness）、知識（knowledge）、激發行動（motivation）以及技能培養（skills）四階段，這模式的好處是根據學習的過程，幫助一個人破除「知易行難」，又解決「知難行易」的兩大關卡，然後很自然地邁出「即知即行」的第一步。

這套方法經過了好幾百個客戶的實務驗證，培訓效果顯著，所以我徵求他的同意後，採用他所開發出來的模式，先協助創業老闆（與接班人）界定自己公司內、外可能影響接班成敗的關鍵人、事、物，再加上個案討論的輔助，經由自我學習的過程歸納出最適合自己企業的接班行動方案。

第一個過程是認知階段，目的有三，(1)首先是協助創業老闆（與接班人）找出影響公司接班成敗的內部、外圍的關鍵因素，(2)承認這些關鍵因素如果採取「無爲而治」、船到橋頭自然直的話，後果將不堪設想，(3)討論出處理這些關鍵因素最有效的方法，然後逐一處理。

第二個過程是知識階段，主要目的就是幫助創業者（與接班人）獲得接班過程前、中、後時期所需要的重要知識，讓當事者建立行動的信心，去除進退失據的恐懼。

第三個過程是激發行動階段，透過這個程序讓創業老闆與接班人在接班問題上產生強烈動機，並採取行動。

最後則是技能培養階段，在這步驟要培訓的是創業老闆（與接班人）在接班前、中、後期所需要具備的技能，幫助當事者跨出第一步，之後還能穩健地走出每一步。

我很喜歡拿開車來比喻接班，同樣是透過不同階段來充實自己的知識，熟練自己技巧，例如：

認知階段 □找出關鍵因素，不可無爲而治，採取有效措施。	●界定與承認關鍵因素，要能夠安全地開遊覽車把乘客送到目的地，就必須：(1)學會開遊覽車，(2)還得先練習，確保技術沒問題，(3)預先知道車況、路況、天氣狀況，(4)了解乘客背景，是否有特別難纏的客人，是否有特殊需求的客人？(例如行動不便、經常得上廁所。)(5)路上補給品的準備等等，缺一不可。 ●如果不經過學習過程，也不針對上述關鍵因素做事前準備，就貿然

	開車上路的話，碰到車毀人亡，肇事坐牢的機會就會非常大，而且連爸媽都要受到連帶處分，害己害人（承認學習接班的必要性）。 ●【創業老闆】即使把小孩送出去學開車，自己也得有些準備（例如車子保養、檢查、把該換的零件做些更換等等）才能避免小孩掌方向盤上路後發生拋錨情形。 ●【利害關係人】如果車內有其他乘客的話，也得告訴乘客注意事項，例如不要在坐車時大聲嬉笑，不要在車內吸菸，不要在車內喝酒（這跟告訴公司高管不要對接班人有掣肘行為是相同道理）。 ●【創業老闆】有些難搞的乘客是不是先找人溝通溝通，避免小孩掌方向盤後臨時出狀況？
知識階段 □累積重要知識，免除焦慮與恐懼。	●必須知道什麼叫做「安全駕駛」（成功接班實例）。 ●開車既要快又要安全的要求下，該注意哪些關鍵事項？必須事先知道哪些事情？開車中又要留意些什麼？ ●了解到在駕訓班只能學會交通規則、交通號誌，和開車基本原理，眞正要上遊覽車載乘客的話，還得額外訓練必要的知識與技能。

- （透過個案討論）知道開車時候沿途可能會有什麼狀況，以及如何見機行事、隨機應變。
- 知道開車遠途出差時要蒐集哪些相關資料（氣候、車況、食衣住行安排，以及突發狀況可以找誰幫忙，電話號碼蒐集等等）。
- 遠途開車時候，或是第一次開大型遊覽車上高速公路的時候要找哪些人幫忙？（輪流的專業經理人？或是幫忙看路況的助手？幫忙問路的助手？或是買衛星導航？要不要自己準備飲食？去上廁所時由誰幫忙看車？）
- 如果業務需要，得經常要開遊覽車出遠途的時候，要不要先建立自己的助手與「團隊」？要不要預先角色分配，以及培養默契？還是都自己來？兩者利弊得失做些比較。
- 如果同時要開好幾輛車子的時候（有如接班後的轉投資項目），如何確保其他司機都能安全順利地把乘客送到？
- 【創業老闆】把車子交給小孩後，自己剩下來的時間要做些什麼？想做些什麼？如何開始「交班後的新生活」？

激發行動階段 □產生強烈動機，即知即行。	●【創業老闆】能永遠都是自己開車嗎？能永遠不交班嗎？等到不得不交班的時候，後果會如何？ ●【創業老闆】遲早要讓小孩接管方向盤的話，是不是越早教他學習開遊覽車越好呢？ ●【接班人】能永遠不接班嗎？ ●【接班人】遲早要掌舵的話，是不是越早學習開車越好呢？ ●不做準備，不先受訓練的話，自己能夠開遊覽車載客到各處旅行，而且人車平安，皆大歡喜嗎？ ●學習過程中有經驗的人從旁協助輔導，是不是就更有信心踏出第一步？ ●如果有人可以跟您輪流開車的話（例如僱用專業經理人），跟自己開車相比，是不是能更快、更安全？ ●遊覽車旅途中有一段很難開、經常出車禍的地方，如果能找到人（僱用傭兵）幫您開那一段路的話，會不會比自己冒險更好？

	●【創業老闆】是找自己小孩開車呢，還是把車交給專業司機（專業經理人）來開？ ●【創業老闆】找別人來教，會不會比自己教更有效？
技能培養階段 □學會接班過程需要的技能與招數。	●開車有所有的知識還不夠，要開得安全快速，就是得練習，練習，再練習。 ●手排檔開車，最難的就是「上車起步」（踏出接班的第一步），所以得特別多練習幾次這個動作。

一、認知階段

企業接班要突破的第一個難關：⑴找出成敗關鍵要素，⑵針對每個關鍵採取有效措施，增加接班成功機會。

首先，我們必須協助企業老闆以及接班人思考，討論接班前、中、後可能會碰到的問題，下面先舉些例子給讀者在自我練習的時候參考，如果有人能夠引導這個過程的討論，對找出關鍵因素以及可能的對策會有很大的幫助。

1 共同面對的問題

●公司的接班問題能不能拖著不處理？如果繼續不動如山，等原來的創業老闆年紀大了，或是有些風吹草動的話，企業又該如何面對？快速的環境變化、科技變化、市場變化之下，很多企業連商業模式都進行重大改變，對本企業而言，這是威脅，還是新商機？這些變化能容許接班問題「順其自然」，慢慢來嗎？

●接班是接班人一個人的事情嗎？以公司現狀，內部無制度，外面事業廣泛，老闆一言堂的情形，有誰能夠眞正接得下這個舞台呢？公司現在的結構與事業部門需不需要做些改變才能讓接班人接得下去？

2 與創業老闆（交班）相關

●創業老闆是不是應該做些準備工夫，有哪些事情如果預先安排的話，會讓年輕人更容易接班？

3 與接班人相關

●假設您是個案討論中的接班人，會如何處理個案中所面臨的接班問題？其他參與討論人的意見是否值得參考？

●回到自己公司的時候，接班人會碰到什麼樣的問題？有哪些人、事、物會成爲影響成敗的關鍵因素？有什麼處理辦法？

4 其他重要關係人

●公司裡面這些老幹部等創業老闆交班以後，是留下來呢？還是會一起退位？退的太晚會不會讓接班人綁手綁腳？退得太快會不會又讓接班人接了個「空城計」？

●要讓老幹部心甘情願退出江湖，我們是不是應該先有些安排？不做安排的話，他們會願意無條件退出公司嗎？

●接班成功與否還有哪些人會有「一言九鼎」的幫助？哪些人會暗地裡使小手段？或是公開找麻煩（掣肘）？對這些人要不要預先打招呼或是防範？由誰出面比較有效？

●接班過程中是不是有哪些「關係」人或事得先去「喬一喬」？由誰去喬？

如果上面這些問題都不去理會，等船走到橋頭能夠自然直嗎？等接班人不得不接班的時候，公司是越來越好呢？還是從此開始走下坡？

「知道與承認」是「起而行」必須面對的第一個坎（難關），這個階段會讓創業者（與接班人）感覺壓力，甚至焦慮，或是有些不知未來的恐懼，所以接著得蒐集必要的知識，增加接班的信心。

二、知識階段

企業接班要突破的第二個難關是：學習接班前、中、後所需要的關鍵知識。接班過程有很多重要的知識需要了解，有些是創業老闆或接班人已經知道的，有些新知識是需要進修或尋求外援的。

下列過程是用來協助創業老闆（與接班人）達成幾個目的：⑴知道接班過程中有哪些關鍵知識是本企業需要知道的——What；⑵從哪裡取得這些關鍵知識？——Where；⑶如何使用這些知識？——How；⑷如果自學會有緩不濟急的顧慮的話，去哪裡尋求協助？——Who，以及這些協助得付出多少代價？——How much。

經過這些過程可以讓當事者去除心中的恐懼、不確定，以及懷疑。（英文把這種現象稱爲ＦＵＤ，fear, uncertainty, doubt），並且建立信心，胸有成竹。

各家企業所需要的接班知識種類與多少當然不可能相同，本書列出一些參考，讀者如果有需要的話，可針對自己接班必要知識自行增減，或是跟有經驗的人討論做些刪減以合乎本身需要。

1 成功接班範例是怎麼做的？有何借鏡之處？

●提供「成功接班實例」（例如潤泰尹衍樑的接班過程，或是其他企業成功案例），讓創業老闆與接班者知道別人是如何進行，會碰到什麼樣的困難，以及處理方式。

2 本企業接班的成敗關鍵

●針對本公司接班成敗的人事物等關鍵因素（可能是內部因素，例如：公司制度、人員、產業、兩代間、個人因素等等，以及外部關鍵因素，例如政治、經濟、科技、使用習慣改變等等，有哪些會影響到接班成敗？）蒐集相關的成功案例，或是業界有經驗人的做法，讓接班人、創業老闆知道該如何處理會讓接班更爲順利。

3 接班人需要的知識

●幫助接班人了解「溝通」是接班成敗重要關鍵之一，溝通對象不只是創業老闆（爸爸、媽媽），還有上一輩的老主管、家族其他人；溝通好就讓接班氛圍更和諧順利。

●協助接班人建立自己的接班模式，讓接班人可以照表操課，避免自我摸索，即使碰到溝通困難也知道如何尋求外援。

●如何建立自己的「班底」與團隊？以哪種方式最能建立團隊感情以及共識經驗？針對班底成員，給與哪種培訓會最有效？

●協助接班人了解接班的過程並非「個人工作室」，不必事事親自動手，但又得學會把握關鍵，學會如何運用團隊，以及運用、管理專業經理人。

●個案討論中，參與討論的人所提出的看法與做法有哪些對自己有實用價值？

●協助接班人擬定自己的接班計畫；同時建立邊做邊修改的回饋（feedback）機制。

●學習業外投資相關的篩選與管理知識，並學會如何避免業外損失而影響到企業根本。

4 創業老闆需要的知識

●針對高管提供「群體諮詢」(group counseling)，分享交班後生命、生活的意義是不是會有助於高管順利交出權力？進而積極協助年輕人接班成功？

●企業高管如何做退休安排，讓接班阻力成爲助力。

●協助創業老闆配合接班計畫里程碑，擬定相對應的交班計畫。

5 接班重要關係人（企業高管）

●除了繼續待在公司外，有沒有更好的方式來發揮自己的生命價值，開啓自己新階段的人生？

●接班人眷屬是否可能幫些忙？

6 對外界資源與知識庫的了解

- 知道台灣（及中國大陸）有哪些培訓機構可以提供量身訂做的培訓實戰課程以及收費情形。
- 需要臨時代打的主管時，知道哪裡有管道可以找到「傭兵」（mercenary）服務，並具備管理這些傭兵或是專業經理人的知識。

上述過程的目標是協助企業接班人以及創業老闆建立自己的「知識庫」，達到胸有成竹的階段，避免在接（交）班過程前段、中間以及後段遭遇進退失據，瞻前顧後等困境，讓當事者對接班過程更有信心。

三、激發行動階段

企業接班要突破的第三個難關：別讓當事者知而不行，要藉此過程激發接班人、創業老闆「即知即行」的強烈動機。

要激發人的動機，做法因人而異，即使同一個人也有不同階段的動機。心理學家馬斯洛針對需求動機有一套完整理論。有些人會因爲需要、焦慮，或是擔心後果嚴重而產生動機，有些人會想提高成就感因而有動機。

這個過程的目的（以及我們的工作）就是幫助企業界激發出重要動機：⑴接班人的接班動機，⑵創業老闆的交班動機；此處列出一些自我學習、討論的參考事項。

1 激發創業老闆的交班動機

- 如果不進行交班計畫，一旦自己不能繼續掌舵，公司還能撐得住嗎？臨危授命，能順利接班嗎？會不會被逼得賤價出售？
- 交班是不是越早安排，越早開始會越好呢？
- 交給專業經理人接班會捨得嗎？如果不捨得，是不是就得想辦法幫助年輕人接班呢？
- 找專業顧問或專業培訓公司能讓交班過程更爲順利嗎？

2 激發接班人的接班動機

● 對您而言，接班是什麼？是挑戰、責任、快樂，還是長輩給您的一個「不必從零做起」、自我成就的機會？
● 現在還不開始動作的話，要等到什麼時候？萬一不得不馬上接班的話，自己有把握能夠成功的接班嗎？
● 如果我們把公司裡的組織先做些整理，只留下您願意接班的部門，這樣會不會提高您接班的興趣？（哪些您想接？哪些部門您不想接的？）
● 不接班的話，有沒有其他兄弟親戚可以接班呢？他們接班會不會比自己好？別人接班的話，自己又該做什麼呢？
● 做個快樂投資者好呢？還是在企業中發揮自己的興趣會更有成就感？
● 接班過程很多挑戰，如果能找到傭兵幫你清路障、擋子彈的話，您是不是對接班更有信心？
● 找專業顧問或專業培訓公司能幫助接班更順利嗎？

3 激發其他關鍵人物放手的動機

● 服侍老的幾十年了，還要服侍小的接班人，甘願嗎？是不是應該走出舊地，邁向新生命、新生活？

四、技能培養階段

企業接班要突破的第四個難關：培養接班必要的能力與技巧，並跨出第一步。過去我們讀有關接班大全之類的書籍，爲何總覺得理論多，實際行動少？我們又是如何解決這個問題，如何幫助讀者「起而行」呢？

先拿開槍做比喻吧，市面上有關接班人的書籍像是霰彈槍（shot gun），雖有大方向但打出來的子彈卻是一團散沙，各自分散，只能靠數量與機率取勝，即使運氣好有幾粒霰彈打中目標，也只達部分效果，難保成功。

而這本書是以實用與行動爲導向，透過上述三個過程把企業各自需要解決的難關明確地找出來，然後再提供瞄準器與表尺的調整與校正方法（知識），對症下藥，接著激發準確開槍的動機（一槍中的地得分與好處），之後再教導如何開槍（例如閉氣、緩慢自然地扣扳機等等），這就像是來福槍（rifle gun），依照風速、距離調好表尺，再透過瞄準器確定目標，之後練習後達到不急不徐地扣扳機，所以彈不虛發，一槍中的。

這跟一般書籍把目標說出來，給當事者一把霰彈槍，就要接班人自己摸索，即使開再多槍，浪費再多的子彈也不可能中的，加上接班時間不等人，兩者效果可想而知。

再回到開車做比喻，一般書籍都是講理論，所以頭頭是道，卻無法實際運用。類似把一大堆開車需要知道的東西一古腦地全攏出來，所有的交通規則也都全部列出，陣仗整齊，卻沒有幫助當事人找出哪些（知識、能力）用得著，哪些不需要。

這種書籍根本還不知道您開的是什麼車，就認定車子功能與操作原理都相同，所以講講開車原理，之後就讓學的人（接班人）自己摸索，自己上路；所以念再多的書還是無法開車上路，即使貿然上路，結果也是慘不忍睹。

我從事多年顧問工作，也輔導過好幾個接班項目，了解接班人所面對的不是簡單小車，也不是在駕訓班兜兩圈，而是馬上就得開大型遊覽車去遠途，最糟糕的是車內還坐了一大堆七嘴八舌、到處挑剔的乘客。

本書前段先透過六個個案，讓司機（接班人）多方模擬練習，先體會開車時的狀況以及如何處置，讓接班人先經歷不同的實作操練，熟練各種突發狀況以及應變措施。然後再透過ＡＫＭＳ過程先由認知階段開始，協助創業老闆（資深駕駛兼導遊）、接班人（遊覽車新駕駛）以及重要關係人（車內乘客）了解這次旅遊所有的車況（公司狀況、內部運作、人事）、沿路的路況（對接班過程的期待與考驗），以及每個人搭車過程中何時要上廁所，是不是要買紀念品，有哪些特殊要求（跟接班相關的利害關係）。

同時，我們協助各企業把車況（公司狀況）做個檢查，同時也了解到司機的能力、興趣所在，可能過去是手排檔車，我們爲了適應接班人的習慣所以得改成自動排檔車，過去是自己問路、找路，現在我們是不是要裝個衛星導航（ＧＰＳ）來節省時間？萬一新駕駛實在無法開這部大遊覽車的話，我們還得把大型遊覽車換成小車（把龐大的公司上下游業務做些切割，出售或是跟人合併）。

接著在知識階段，我們透過討論以及自我了解幫助導遊兼車掌（創業老闆）及司機（接班人）練習各種必要的知識，讓這些知識經過多方練習後成爲常識，同時把要去的路線規劃、沿途狀況以及車子萬一拋錨的應變措施都寫出來，讓駕駛人上路前就可以先熟習必要的知識（其他太遙遠的知識就免了），以後臨時有狀況也不會手忙腳亂。路程中如果有特別危險的路段，我們還提供當地有經驗的司機（傭兵，或是專業經理人）代開那段路，並提供緊急拖車、臨時換車等等服務。

上述過程讓導遊兼車掌（創業老闆）以及新駕駛（接班人），還有乘客（重要關係人）對路況很清楚，沿途該知道的知識都具備，對彼此的期望也都清楚。

接下來激發採取行動的動機就是讓大家很高興地搭車旅遊，豐富人生（該交班的交班，該接班的接班，即知即行）。

最後就是得針對（長途開遊覽車所需要的）關鍵技術做多方練習了！把沿路需要的開車、應變、加油加水，以及換機油等技術一次又一次地練習，事前對（接班）任務相關的狀況演練多次，都以「來福槍」專注方式提供練習，這樣既可讓導遊放心（交班），也可讓司機（接班）游刃有餘，乘客（其他關係人）安心。

創業老闆以及接班人只要經過上述過程後，就會歸納出接班成功的關鍵人物是誰，關鍵事務又有哪些？接班前後的挑戰與問題最可能出在哪裡？然後就可由該處著手。

踏出接班的第一步

即使經過上述過程，雖然可以解決「知難」「行難」的關卡，雖對輕重緩急以及接班成功的關鍵因素都有了通盤了解，但對部分接班人而言，要馬上就能踏出第一步，可能還會有些困難。

針對這「歷史的第一步」，我們多半建議接班人由「定期溝通」開始。一談「溝通」就有點太嚴肅了，其實就是建議接班人定期去跟創業老闆聊聊，跟公司裡面的長輩聊聊，跟部門主管說說話；更明確地說，應該不是去說話，而是去聽話。見面三分情，尤其是企業第二代往往都是外地受教育，很多想法跟爸媽（創業老闆）不同，跟公司長輩、主管也不同，但溝通的目的不是說服，而是傾聽，因爲傾聽是建立人際關係最重要的過程，所以聽聽別人想說些什麼。

過去當接班人對關鍵人、事、物不清楚，也不知道該有的接班知識，沒有接班動機的時候，心中沒個「底」，所以即使願意傾聽，也沒有耐心，更聽不出個所以然。

經過上述過程後，接班人（以及創業者）心中有自己的「接班計畫」，胸有成竹（既了解關鍵人、事、物，又有必要的知識）後，再傾聽就會有完全不同的效果了。這時候的傾聽既可改善人際關係，又可聽出許多弦外之音，對接班狀況掌握、提高成功率有直接效果。（這又是個來福槍跟霰彈槍的不同了！）

傾聽的關鍵是要會問對的問題，即使沒有經過訓練，也可以問問題；可以先拿別家公司當作話題，拿個案內容做個開頭，談談個案中不同角色；避免一開始就在自己公司裡面打轉，省掉很多不必要的聯想。

打破溝通的僵局可以用請問的方式開始，例如：「您知道公司最大的競爭者是誰嗎？他們有什麼做得比我們好的地方嗎？」這個話題會讓很多人都打開話匣子。

第一次，或許因爲這些人不知道您（接班人）想幹什麼，很可能三緘其口，不會跟接班人說些什麼。但第二次、第三次以後慢慢就會開始說話給您聽；第一次總有點生疏，越練越熟，就會越有信心，可以藉此聽到很多的訊息。

由傾聽開始，只要定期進行，就會蒐集到很多資料，也會知道別人的想法。傾聽久了以後，關係就比以前好，就會有更多的話題可以談，談產業，談自己公司，進而開始談談接班。

輔助能力

根據我們的經驗，「傾聽」往往都是接班人邁開成功接班的第一步，這也是接班人順利接班必備能力中的最基本要項。接班人可能還需要兩種「錦上添花」的能力，這兩項能力與技術並非接班所必備的基本功夫，但頗爲關鍵，值得一提。

首先，就是對業外投資與管理的能力。

其次，是僱用與管理專業經理人的能力。

本書在前面章節提過，新一代的接班人掌舵以後鮮少有人願意繼續待在本業，僅固守在上一輩建立的企業中尋求內部創新。絕大部分接班人都會往業外發展；理由除了原來產業環境競爭劇烈，逼得接班人往外找出路以外，向外發展本來就是最好的成長之道。

事實上內部創新本來就是最困難的挑戰，也是最費神耗力的工作！絕大部分的接班人都會避之唯恐不及；因爲本業中的同仁積習以久，早已習慣「老」的方法，不太可能因爲換了接班人就能馬上改變，所以接班人都不想、也不敢從本業的內部創新開始。

最受接班人歡迎的創新模式還是轉投資，進入更有成長力的新興產業。

新興產業一片天地任人飛翔，既容易找到好人才，也沒有歷史包袱與負擔，可以建立全新的商業模式；加上新興事業轉投資成功後所帶來的商機與利潤遠遠超過本業，這種成功後的願景與快速建立自己的舞台與信心，往往都會讓接班人無法抗拒。

只是新興產業所帶來的高報酬率卻都是跟高風險息息相關，這也是爲什麼很多接班人都在新興產業上面遭到滑鐵盧。

談到滑鐵盧，就得談談面對摔跤的經驗，以及摔跤後如何東山再起。

接班人從小到大一路順利，在家庭庇蔭與呵護中長大，本來就沒有太多的摔跤後再爬起來的經驗；加上新興產業本來就是風險投資的羅馬競技場，說得頭頭是道的人多如牛毛，騙錢的更不在少數，實際能夠在新興事業中過關斬將，回收優厚報酬的人卻如鳳毛麟角；除此之外，接班人年輕氣盛，不太習慣跟人請教，一旦摔跤往往會固執己見，進而越陷越深，一敗塗地。

在這方面，我再次推崇潤泰尹衍樑先生，他進入新興產業的種類很多，遍蓋保險、證券、通路、服飾、教育、醫療、生技……樣樣都很成功，進入新興產業方面，尹先生確有獨到之處，雖然本書無法細述，但報章雜誌多有所報導，亦可參考。

我做創投與育成新事業有十多年的經驗，所參與和主導的新創公司（start up）後來能夠成功上市、獲利了結的，算算也超過十幾個，這些投資與孵化新事業的「眉眉角角」，還眞不是靠說說就可以在短期內教會接班人的，最好的方法還是一起透過實際案例，過程中以「教導」（teaching），「輔導」（coaching），以及「見習」（mentoring）三管齊下，方能有成。

這方面我們建議接班人在新事業投資方面可以先與有經驗的投資者一起「合資」（co-investment），透過合資過程中相互學習；彼此利害與共，福禍相依，這應該是進入新興產業最有效的學習方式了。

至於僱用與管理專業經理人的能力，如何發揮專業經理人的績效，避免專業經理人成群結黨，甚至「整碗端去」（請參閱本書中第 8 章的個案）的弊病，這也得有不同的想法與做法，這部分在本書最後的結語內容或有參考價值。

結語：企業順利接班有助台灣經濟

這本書的內容來源有三，部分是我個人親身體會，加上提供企業顧問的經歷，以及我過去協助第二代接班案例，三者都是實務經驗。

在一開始我就說明了，這本書首先是協助創業老闆界定自己公司內、外影響接班成敗的關鍵所在，然後透過一連串學習過程來提高接班的成功率。台灣的中小企業的創業老闆或接班人只要根據這本書的個案內容充分討論，再走過ＡＫＭＳ的流程，應該就足以明確地規劃出最適合本業的接班計畫了。

我非常期待創業老闆（以及接班人）可以參考書中的「起、承、轉、合」過程找到接班成敗的關鍵所在，並歸納出對自己最有效的接（交）班方式，由認知起步，進到「即知即行」，達成順利接班，家大業大。

寫書過程中，有朋友問我說，把自己當顧問的經驗與看法全部公諸於世，如果教會大家都能夠自學就提高接班成功率的話，那日後還有什麼顧問生意可做？如果其他培訓班都拿這本書當作教案來開班培訓，豈不是培養自己的競爭者？算不算是搬磚頭砸自己的腳？

眞是如此，我也非常高興的呀！

在本書前面章節就已經說過了，台灣中小企業家數超過一百二十萬家，員工占全國就業人數近八〇％。任何一家企業的接班如果能夠成功，就有二十人以上受惠，再乘以一家平均四口計算，就有上百人無須承擔失業之苦；相反的，接班不成功企業就會滅亡，反而會有上百人受苦。如果這本書能夠幫助中小企業接班順利，在改朝換代後能夠步步興盛，這對台灣經濟想當然耳會有很多貢獻的呀，何樂不爲呢？此其一。

如果培訓班都拿這本書的內容來開班培訓？那更好，實用與否不是我們自己說了算，得經過市場實證才算數，所以我是鼓勵都來不及，怎麼會擔心呢。

只要中小企業接班後都能成功，那我就會有更多、更好的投資機會可以參與，這才是我眞正的期待。

專業顧問服務

中小企業家數這麼多，總會有一些企業不想自我學習，需要找人幫忙；還有許多的中小企業要順利交班，就得將現有業務先做些整理，以免業務廣泛，牽扯眾多，難以交班，這些都需要找人幫忙。能夠幫企業做這種非核心事業切割獨立、合併或是出售等等，會牽涉到財務、會計、法務、人事以及策略布局等等，這就是我們的專長所在；所以算來算去都會有我們可以服務的機會。

我們的專長與服務有幾方面，⑴首先，就是協助企業面對問題，並創造適合接班的氛圍，⑵參與並協助企業研擬出量身訂做的接班計畫，並隨時提供接班過程中的輔導與協助，⑶提供相關人員的培訓課程，⑷提供必要的專業經理人，或是代勞的企業傭兵。

最後一項對很多人都是從未聽過的服務，所以我需要特別解釋，這不是獵人頭服務，而是任務導向的短（中）期專業服務。

跟一般獵人頭公司最大不同點就是：我們提供的傭兵都是業界很有經驗人士，而且雙方依照事先約定的任務進行，任務達成與報酬取得是密切相關的。

雙方完成責任義務後（服務範圍雙方協定，當然可以包括技術移轉、經驗移轉，或是師傅帶徒弟之類的，以確保企業可以接手），傭兵即離開公司，兩無瓜葛。

企業傭兵對企業的好處有幾方面：

第一、這些企業傭兵都是身經百戰的企業高管，或是創業成功人士，他們當短期傭兵出發點是既不想長期待在公司裡當員工，又不想讓自己的能力與經驗隨歲月消逝，所以作爲任務導向的短（中）期傭兵最爲恰當。

第二、企業可以把錢花在刀口上，既無須付獵人頭佣金，也無須付挖角費（sign up bonus），更不必提供遣散費或高額的解約費（golden parachutes）。

最適合使用傭兵的狀況是中小企業擴充到全新的領域，或是全新的市場去開疆闢土，或是公司內部孵化新事業，跟策略夥伴進行合資，以及購併後的過渡性高級主管、新投資事業的董事、監察人等等，這類挑戰都具有高度風險性，都不適合讓企業的接班人御駕親征，以免傷筋動骨；這些就是最適合傭兵出任務的領域，特此說明。

國家圖書館出版品預行編目資料

接班人 : 臺灣中小企業存亡關鍵 / 李志華著.
-- 初版. -- 臺北市 : 大塊文化, 2013.09

面； 公分. -- (Touch ; 58)

ISBN 978-986-213-456-6(平裝)

1.中小企業管理 2.企業領導 3.個案研究

553.712 102016088

LOCUS

LOCUS

LOCUS

LOCUS